JN043363

中公新書 2687

森 暢平著

天皇家の恋愛

明治天皇から眞子内親王まで

中央公論新社刊

はじめに

皇族は恋をする。六〇余年前、明仁《あきひと》皇太子はテニスコートで見染めた正田美智子《しょうだみちこ》と恋に落ちた。秋篠宮眞子《あきしののみやまこ》内親王は、大学キャンパスで出会った同級生小室圭《こむろけい》に恋をした。二一世紀に入っても、多くの人が皇室の恋に関心を寄せている。

外国でも同じだ。英国のエドワード8世は、米国人女性、ウォリス・シンプソンと結婚するため、王位を捨てた（一九三六年の王冠を賭《か》けた恋）。チャールズ皇太子とダイアナ妃との恋愛、結婚、破局は、世界の多くの人が注目し続けた。

運命の人と出会って、その人を心から愛して結婚し、最後まで添い遂げたい——。恋とは、多くの場合、そういう感情だと考えられている。皇族も恋をするだろう。それは、当たり前に思える。だが、昔からそうだったわけではない。

明治天皇の祖父に当たる仁孝《にんこう》天皇の場合を考えてみよう。江戸時代後期の天皇だ（在位一八一七〜四六年）。正室は鷹司繋子《たかつかさつなこ》で、彼女が亡くなったあと、妹の鷹司祺子《やすこ》が継室となった。ほかに側室が少なくとも五人、なした子供は一五人。仁孝天皇は、近代的な夫婦、家族とは異なる環境に生きていた。一人の異性と恋をし、添い遂げるという発想は持っていなかった。

江戸時代の宮廷が、一夫一婦多妾《いっぷいっぷたしょう》（側室制）だったのは、天皇の跡継ぎ（皇嗣《こうし》）を確保するためだ。多くの子供がいれば皇位は安定する。明治天皇の世になっても側室は廃止されなかった。大正天皇は形式的には一夫一婦を確立したように見える。だが実は若い女官《にょかん》に興味を持ったと語られる。昭和天皇に側室がいないのは確実だが、女子が四人続き、側室を持つように進言されたと噂《うわさ》された。昭和天皇はまた、子供を手許《てもと》で育てることができなかった。

皇室は長い間、古代以来の家族システムを維持したかのように見える。

皇室の家族に古さを見るとき、そのなかの個人、とくに女性は抑圧の対象とみなされる。夫からは愛されず、子供も手許で育てられず、姑《しゅうとめ》や古手の女官から絶えず注文が付く。明治、大正、昭和の皇后である美子《はるこ》、節子《さだこ》、良子《ながこ》は、悲しみ、苦悩、孤独が語られる例が多い。いずれの皇后も、公家《くげ》（華族）や皇族であったがゆえに、天皇・皇太子の妻となった。自ら望んで皇后になったかはわからない。少なくとも彼女たちは、現代的な恋を実らせて皇室に入ったわけではない。

劇的に変わったのは、皇室内で家族が近代化されたからだ。一夫一婦が基本となり、その間にできた子供に愛情を注いで養育するシステムに置き換わった。

この変化は、一九五〇年代末、明仁皇太子と正田美智子によってもたらされたと考えられている。二人は、身分が違う障壁を乗り越えて恋愛・結婚し、三人の子供をもうけ、初めて手許で育てた。上皇・上皇后となったいま、孫四人にも恵まれ、幸せな老後を過ごしている。一人の異性と出会い、添い遂げるいわゆる「ロマンティック・ラブ」に沿った人生である。戦後、封建的な家制度が廃止された。その流れのなかで皇室も民主化されたと考えるのは、理のあることだ。

しかし、本当にそうなのだろうか。皇室の長い歴史で、初めて恋をしたのは、明仁・美智子のカップルなのだろうか。

前近代的な直系家族の「家」が、夫婦中心の「近代家族」に変化したのは、敗戦とそれを契機にした民主化だと、かつては考えられていた。しかし、過去三〇年の家族社会学研究は、戦前日本の「家」のなかにも、家庭団欒《だんらん》に重きを置く新しい家族規範が現れていたことを明らかにしている。家族が変わったのは、敗戦後ではなくて、明治期からだと考えられるようになってきた。

そうした研究成果を受けたとき、明治以降の皇室に対する見方も変えなくてはならない。戦前も、皇室の夫婦の仲睦《なかむつ》まじさ、子供の可愛《かわい》らしさは、実は多く報じられている。皇室はみなが思うほど古くはない。いや、皇室は新しい。皇室は欧州の王室をモデルに近代家族を目指した。この近代性こそ皇室の特徴である。戦前の美子、節子、良子の三人の皇后も、同時代的な感覚では、実は恋をしたのだ。

そのとき問われるのは、恋とは何かである。それは、家族とは何かという別の問いとつながる。皇室は、恋と家族が結び付いているからだ。

明仁・美智子のカップルが、皇室の家族に画期的な変化をもたらしたと考えると、それ以前の皇室の新しさ、つまり近代家族性を見失ってしまう。皇室の家族の分割線は、実は明治の近代家族化の開始時にある。

本書は、天皇家の恋愛を通して、皇室という家族を、明治以降の一五〇年余の長いスパンで描いていく。日本の近代化と皇室の家族の近代化を並行して見ることによって、その連関のなかから新しい皇室像を考えていく。

眞子内親王の結婚問題によって、皇族、とくに女性皇族の結婚がどこまで自由かの議論が起きた。また今後、女系天皇や旧宮家皇族の皇籍復帰の検討も行われていくだろう。皇室にも家族の多様性を認めるのか、従来と同じ家族規範を維持するのか、議論は決着しそうにない。本書が、それを考える手掛かりとなれば幸いである。

目次

第2章　家庭人としての大正天皇……37

天皇家の恋愛

明治天皇から眞子内親王まで

凡例

・年齢は満年齢を基本とする。
・引用史料中の旧漢字は、原則として現在の漢字に、カタカナはひらがなに改めた。その他、適宜、句読点とルビを振った。
・引用史料中の数字は、記述統一のため表記を改めたところがある。
・引用史料は、読みやすさを考慮し、現代語訳したところがある。
・引用や現代語訳で、現在は不適切と思われる表現もそのままにした。史料としての正確性を重視したためで他意はない。
・引用史料中の〔 〕は、引用者による補足である。
・宮内省・宮内府・宮内庁幹部の日記のうち、牧野伸顕、倉富勇三郎、木戸幸一、田島道治、入江相政の日記は、牧野日記、倉富日記、木戸日記、田島日記、入江日記と略記した。
・敬称は略した。

第1章　明治皇室の一夫一婦化

天皇家の近代家族化は、明治から始まる。明治宮廷は一夫一婦へと動き始めていた——。

こう書き始めると、明治天皇（睦仁《むつひと》）の側室の存在は明らかではないか、との反論が出るに違いない。娶妾《しゅしょう》（側室を娶《めと》ること）の実態があるにもかかわらず、明治宮廷の一夫一婦化を主張するのはおかしいと考える見解は、一見もっともである。明治の皇室典範が庶出《しょしゅつ》の天皇を認めた事実を指摘する声も上がるだろう（正妻以外の子供が庶出子、正妻の子供が嫡《ちゃく》出子《しゅっし》）。庶出天皇容認は、側室を前提とする。こうした実態を考えると、明治天皇が一夫一婦を目指したようには、たしかに見えない。天皇の娶妾慣行は、近代家族の理念から外れる。

しかし、明治期、生活の西洋化・近代化が唱えられ、家族意識の変革が起きていた。妾《めかけ》を持つ行為は、倫理的に問題だと徐々に考えられるようになった。天皇家は、社会の動向と歩を合わせ、側室のあり方を見直している。これまでの研究は、明治天皇の多妾《たしょう》の実態に気を取られ、一夫一婦への動きを過小に評価していた。

この章は、明治の家族理念の変化と関連付けながら、従来の研究が見過ごしていた明治天皇の一夫一婦化、近代家族化を考えていく。

1 妾をめぐる社会動向

ハワイ王女カママル

明治宮廷には、複数の側室が存在した。一方、宮内省が編纂《へんさん》した女子教育の教科書『婦女《ふじょ》鑑《かがみ》』に、ハワイ王室の一夫一婦化の物語が掲載される。現実世界では側室を認めながら、女学生に一夫一婦を説くのは、大きな矛盾だ。このギャップはどう生まれたのだろうか。

宮内省が管轄する華族女学校の開校は一八八五（明治一八）年。『婦女鑑』は、この女学校の道徳の教科書として編まれた。編纂を命じたのは明治天皇の正妻、美子《はるこ》皇后（昭憲皇太后《しょうけんこうたいごう》）である。同書は、日本・中国・西洋の一二〇編の訓話を集め、妻として、母としての道を説いた。

注目したいのは、ハワイ王女をめぐる逸話「加馬馬児《カママル》」である。カメハメハ2世の妻のひとりがカママルであった。彼女は一八二三年、王と英国に向かう。外交交渉のためであった。カママルはロンドン到着後、夫とともに麻疹《はしか》にかかり、亡くなってしまう。

『婦女鑑』は、カママルがキリスト教に帰依し、片時も怠らず勉強して学力が向上したことを紹介する。刻苦勉励は女学生に説くべき徳目であったから、その限りでは妥当な逸話であろう。しかし、さらに進んで、多妻の因習を維持する王を諫《いさ》めて、これを廃させたとまで書かれた。当時、華族女学校に通った生徒の多くは妾の子であり、どうしてこの訓話が選ばれたのだろうか。

この物語の原典は、米国の作家サラ・ジョゼファ・ヘイルが書いた ***Woman's Record***（『女性の記録』、一八五三年）である（『近代教育と『婦女鑑』の研究』）。ただし、夫の多妻を諫める部分は、原典では「夫の放蕩《ほうとう》をやめさせた」と書かれている。やめさせたのは、「多妻」でなく「放蕩」である。現実にも、カママルの時代、ハワイ王室で多妻制は廃されていない。

当時、日本は、欧化政策の真っ只中《ただなか》にあった。西洋諸国と対等な関係を示すためにも、日本の婚姻の後進性を改良しなければならないという認識を、支配層・知識層の多くが共有した。日本と同じ非西洋国のハワイ王室の西洋化は、欧米に学ぶことを教えるには都合のいいエピソードだったろう。新しい日本を切り開かねばならない未来の華族夫人たちのために、一夫一婦は、原典を改変してまで、教えられるべき重要な徳目であった。

日本は一大淫乱国か

言論の世界でも、明治初年から一夫一婦論が盛んであった。著名なのは、福沢諭吉《ふくざわゆきち》と森有礼《もりありのり》の廃妾論《はいしょうろん》であろう。

福沢は『学問のすゝめ』で「一夫が、二、三人の婦人を娶るは、固《もと》より天理に背《そむ》くこと明白である。これを禽獣《きんじゅう》と言っても差支《さしつか》えはない」と、強い言葉で娶妾を非難する。腹違いの兄弟姉妹が同居する家は「人類の家」とは言えないとまで断じた。

森も啓蒙《けいもう》的メディア『明六《めいろく》雑誌』に「妻妾論」を執筆する。森は「妾たる者は、おおむね芸妓《げいぎ》・遊女の類《たぐい》で、これを娶る者は貴族や富人の関係であるため、その家系は買女によってなされることが多い」と妾の実態を明らかにする。そのうえで、酒と色に溺《おぼ》れるこの国を外国人が「地球上の一大淫乱国《いんらんこく》」と考えるのも仕方がない、と嘆いた。

明治初期の廃妾論は、知識層にとどまったが、時代が下るにつれ、女性たちが読み始めた婦人誌での議論へとつながっていく。繰り広げられたのは、ホーム（家庭）創出のための議論だ。家庭とは、夫婦とその子からなる近代家族の団欒とくつろぎの場である。日本語には対応する言葉がなかったため、家庭という語が発明された。

当時、家庭創出を唱えた第一の人物は、婦人誌『女学雑誌』を主宰したキリスト教者、巌《いわ》本善治《もとよしはる》であろう。巌本は、同誌（一八八八年二月一一日号）に「わが国の人の家族に対する思いは、いまだに英米人がホームを見るごとくの細やかさがない。〔中略〕ホームには、人間の徳性を発育するのに、大切な効用がある」と、日本での温かい家庭の創出を強く訴えた。

天皇を引き合いに出す妾擁護論

廃妾論や家庭創出論は一方で、妾を擁護する議論を呼んだ。そこでは、しばしば天皇が引き合いに出された。

『東京日日新聞』（一八七四年一二月九日）に、「招魂社《しょうこんしゃ》下一狂生」と名乗る投書者が、森有礼に対する反論を寄稿した。この人物は、もし一夫一婦であったならば、豊臣秀吉にも徳川家にも跡継ぎがなく、天皇も後継者に乏しく、二五〇〇年続いた血統を存続できなかったと論じた。妾を置いて家を存続させたいと思うのは、理屈でなく人情だとの議論である。

刑法編纂の過程（一八八〇年）でも、天皇の側室に関連させて、妾を積極的に規定する必要性を主張する者がいた。

元老院議官柴原和《しばはらやわら》は「皇統が綿々と継承されるのは、妾があってではないか。もし、これを廃すれば、皇統に大きく影響する」と主張し、同じく元老院議官大給恒《おぎゅうゆずる》もまた「〔刑法条文上の〕妾の文字をなくすなら、〔天皇の〕侍妃《じひ》〔側室〕の制を廃することに至るだろう」と危機感を表明した（『一夫一婦容妾制の形成をめぐる法的諸相』）。

一八八〇年公布の刑法には、妾は積極的に明文化されなかったが、女性だけに適用される姦通《かんつう》罪が規定され、男性が妾を持っても罰せられないことになった。消極的とはいえ、妾は容認されたのである。

擁護論を唱える男たちの本音は「妾に問題があるのはわかっている。だが、現実には仕方がないじゃないか。反対論の諸君、天皇家を見たまえ！」というところだったろう。

2　明治天皇の側室の実態

権典侍の検討

蓄妾《ちくしょう》が恥ずべき行為であると考える意識変化は、現実の明治宮廷にどう波及したのだろうか。明治天皇は亡くなるまで側室を維持した。影響は限定的だと考えることもできる。だが、本当にそうなのか。この節では、明治中期までの側室の実態を確認していく。

明治天皇の側室の実態、つまり、どの女官が、いつ側室であったのかは、詳《つまび》らかになっていない。一夫一婦化を論じるために、まず、側室の実態を明らかにしたい。

側室は、主に権典侍《ごんのてんじ》と呼ばれる身分の女官である。明治天皇の権典侍の任用および出産状況を確認すれば、側室制がどのように運用されたのか、ある程度見えてくるはずだ。

最初に、女官の序列を確認したい。実質的な最上位者は典侍《てんじ》であり、「正」と「権」の二つの階級に分かれる。「正」がそのまま典侍と呼ばれ、「副」が権典侍である。正の典侍は、女官全体を統括する総責任者であり、御役《おやく》女官とも呼ばれる。権典侍は若い女性が任官し、天皇の「お手付き」、すなわち側室となる例が多い。お手が付いた女官が御側《おそば》女官である。権典侍のすべてが「お手付き」となるわけではない。

典侍の下に、掌侍《しょうじ》の身分がある（内侍《ないし》とも呼ばれる）。やはり、掌侍―権掌侍《ごんのしょうじ》の区別があった。典侍が主に天皇の身の回りの世話を直接するのに対し、掌侍は配膳《はいぜん》などその他の仕事や事務をこなした。ただ、明治初年の内廷改革によって、仕事の差は少なくなっていた。

重要なのは出身家格の差である。典侍も掌侍も、御所に昇殿を許される上級公家（堂上《とうしょう》家《け》）のうち五摂家《ごせっけ》・清華家《せいがけ》に次ぐ家格、羽林家《うりんけ》・名家《めいか》・半家《はんけ》と呼ばれる家（平堂上家《ひらとうしょうけ》）の出身である点は同じだ。ただし、典侍となるのは、そのなかでも長い歴史を持つ「旧家」出身であることが原則であった（『幕末の宮廷』、『近世の朝廷と女官制度』）。

明治中期までを見ると、権典侍は七人いた。葉室光子《はむろみつこ》、橋本夏子《はしもとなつこ》、柳原愛子《やなぎわらなるこ》、植松務子《うえまつとしこ》、千種任子《ちぐさことこ》、小倉文子《おぐらふみこ》、園祥子《そのさちこ》である。このうち、植松を除く六人は側室であることがはっきりしている。葉室、橋本、柳原、千種、園の五人が計一五人の子をなした。うち一〇人は早世し、成人したのは、柳原による嘉仁《よしひと》親王（明宮《はるのみや》、のち大正天皇）と、園による内親王四人の計五人だけである。

連続死産の悲劇

葉室が任官した年（一八六七年）から、園の最後の出産年（九七年）までの権典侍の任用・出産状況をまとめた（1-1）。これを参照しながら、側室の状況を概括したい。

一条美子（のち昭憲皇太后）が皇后となったのは一八六八（明治元）年一二月である。美子は一九歳であった。結婚以前、一八六七（慶応《けいおう》三）年一〇月に葉室光子（一四歳）が、六八

1-1 明治中期までの権典侍の任官と出産（1867〜97年）

年	葉室光子	橋本夏子	柳原愛子	植松務子	千種任子	小倉文子	園祥子
67	権典侍（14歳）			内侍（16歳）			
68		権典侍（12歳）					
71				掌侍（20歳）	権掌侍（16歳）		
72			掌侍（14歳）				
73	第一皇子出産 死去（20歳）	第一皇女出産 死去（17歳）	権典侍（15歳）				
75			薫子出産（17歳）	権典侍（24歳）			
77			敬仁出産（19歳）				
79			嘉仁出産（21歳）				
80					権典侍（25歳）	権典侍（18歳）	権掌侍（13歳）
81					韶子出産（26歳）		
83				退官（32歳）	章子出産（28歳）		
86							静子出産（19歳）
87							猷仁出産（20歳）
88							権典侍（21歳）昌子出産
90							房子出産（23歳）
91							允子出産（24歳）
93							輝仁出産（26歳）
96							聡子出産（29歳）
97			（39歳）		（42歳）	（35歳）	多喜子出産（30歳）

註記：網掛けは権典侍任官期間

年九月には橋本夏子（一二歳）が権典侍として職務を始める。年齢から考え、当初から側室であったかはわからない。いずれにせよ、二人が明治天皇の最初の側室である。

結婚前に、側室たる権典侍が仕える実態は、いまの倫理観から見ると、理解しがたいだろう。ただ、宮中には権典侍という年若い女性が就く職務があり、側室となり得ることは、江戸時代的な宮廷観からすれば、当然の慣習であった。そして、美子皇后は結婚しても子をなさず、世継ぎへの期待は権典侍たちの肩に掛かってくる。

一八七三（明治六）年初めごろ、まず葉室が懐妊し、続いて橋本も妊娠した。葉室は九月一八日に第一皇子を出産するが、死産となり、葉室も四日後に亡くなってしまう。さらに二ヵ月後の一一月一三日、橋本が突然、激しい子癇《しかん》症（妊娠高血圧腎《じん》症による全身マヒ）を発し、医師によって第一皇女が取り出された。同様に死産であり、橋本も翌日亡くなる。連続死産の悲劇である。

このとき、権典侍には、もうひとり柳原愛子がいた。柳原は一八七〇年に英照《えいしょう》皇太后（夙子《あさこ》）の女官になったあと、七二年に明治天皇付の女官（掌侍）に転じ、翌七三年、一五歳のとき権典侍に昇格した。権典侍を増強し、世継ぎ確保を狙《ねら》ったと考えられる。この年、明治天皇は二一歳であった。明治維新後の日本を考えたとき、皇嗣確保は大きな課題で、柳原が抜擢《ばってき》されていた。

明治一六年の危機

葉室・橋本の二人の死亡で、権典侍は柳原ひとりになってしまう。そこで権典侍の確保が図られる。一八七五年の植松務子の掌侍からの昇格である。権典侍は柳原・植松の二人体制となった。

柳原は一八七五、七七、七九年と三度、出産するが、前二回で生まれた皇女皇子（薫子《しげこ》内親王・敬仁《ゆきひと》親王）は、一歳前後で相次いで亡くなってしまう。三回目で産んだのが嘉仁親王（のち大正天皇）であった。

だが、苦難は続く。嘉仁親王は生後、容態が安定せず、生死をさまよう状態もあった。柳原自身も、産後の肥立ちが思わしくなく、療養状態に入る。明治天皇との寝所の「お勤め」はその後、断ることになった（『女官』）。側室は引退である。もうひとりの権典侍の植松は、理由はわからないが側室とはならず、病気を名目に一八八三年に職を辞し、結婚してしまう。

そこで、側室体制の立て直しが図られる。一八八〇年、千種任子（二五歳）と小倉文子（一八歳）が同時に権典侍となる。

このうち小倉は懐妊しなかった。一方、千種は一八八一年に女子を出産し（韶子《あきこ》内親王）、八三年にも女子を産んだ（章子《ふみこ》内親王）。天皇の子供は男子だけが重要なのではない。なぜなら、女子はいずれ宮家皇族と結婚し、子をなして皇統繁栄に貢献できるためである。

同じころ、明治天皇は、嘉仁親王に続く男子をもうけることへ意欲満々であった。右大臣岩倉具視《いわくらともみ》が皇后宮大夫《だいぶ》香川敬三《かがわけいぞう》に宛てた手紙（一八八一年九月二一日）によると、明治天皇には、新たな男子をもうけ、桂宮《かつらのみや》家など四親王家を継がせたい気持ちが強かった（「宮家相続問題と岩倉具視」）。

ところが、別なる悲劇が起きる。一八八三（明治一六）年夏、千種がなした二人の内親王が同時に病気となり、九月六、八日に相次いで亡くなってしまう。時に、生後二歳および七ヵ月。二人の皇女が、三日のうちに連続して亡くなる事態は「明治一六年の危機」と呼ぶべきピンチである。

先に亡くなった柳原による二人の子も同じだが、いずれも脳膜炎であった。嘉仁親王もまた脳膜炎で、無事成長できるかどうか危ぶまれた。

宮中の乳児死亡率は一般

1-2　明治天皇の皇子・皇女

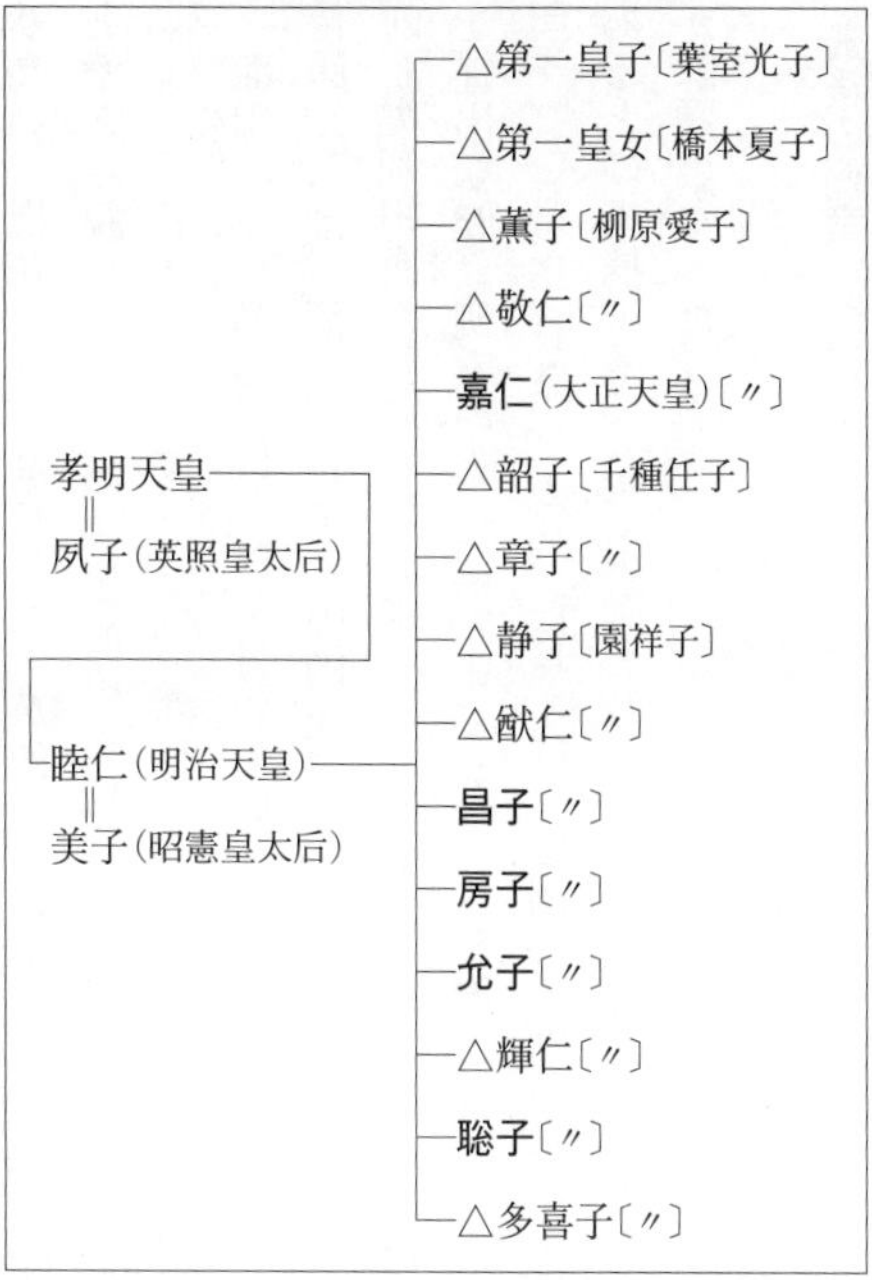

註記：△は早世した子．〔　〕のなかは生母

より高い。現在では、女官や乳人《めのと》が使う化粧品（白粉《おしろい》）に鉛が含まれたため、脳膜炎となったと考える説が有力である（「明治天皇皇子女夭折《ようせつ》の死因について」）。四人いずれもが夏季に亡くなっており、汗によって鉛が流れやすくなった事情が関係すると考えられる。この事実に、池田謙斎《いけだけんさい》ら当時の侍医《じい》は気付いていていない。

侍医たちは、韶子・章子の両内親王が亡くなった約二ヵ月後、宮内卿《くないきょう》である徳大寺実則《とくだいじさねつね》に対して、相次ぐ乳児の死亡は「〔子供たちの〕先天的な生命力の虚弱が原因」と記した上申書を提出した。側室の人選についても、「口を慎むことなく進言」する（『明治天皇紀』一八八三年一〇月三一日条）。端的に言えば、虚弱な子供を産む千種、子供を産まない小倉に問題があるとの指摘であった。医師としての責任転嫁にも聞こえるが、この時点で、別の側室確保が課題となった。

「最後の側室」園祥子

「明治一六年の危機」を受けて、白羽の矢が立ったのが、当時は権掌侍であった園祥子である。園は、周囲の期待を背負って、側室として召される。そして権掌侍のまま一八八六年に静子《しずこ》内親王を、八七年に猷仁《みちひと》親王を産んだ。ところが、二人の子供もやはり一歳を過ぎたところで亡くなってしまう。

ここで宮内省はいくつかの対策を取った。ドイツで小児科学を学んだ西洋医（加藤照麿《かとうてるまろ》）

を侍医とすること、牛乳で栄養を取ることなどである（『明治天皇紀』一八八八年一一月二七日条、『橋本綱常先生《はしもとつなつね》』）。皇子皇女の静養のための御用邸確保を含め、養育法の大胆な改革を図った。

園はこれ以降、六回出産し、このうち四人の女子（昌子《まさこ》〈常宮《つねのみや》〉・房子《ふさこ》〈周宮《かねのみや》〉・允子《のぶこ》〈富美宮《ふみのみや》〉・聡子《としこ》〈泰宮《やすのみや》〉の各内親王）は無事成長した。驚異的な出産力である。ただ、皇位継承者確保の点から見ると、四人すべてが内親王であることは頭の痛い問題であった。

明治中期まで、天皇家にとって喫緊の課題は、さらなる男子皇胤《こういん》の確保であった。たしかに嘉仁親王は成長しつつあるが、病弱のため、万が一の事態も想定しておかねばならない。それならば、もっと多くの側室を確保して、皇統護持を確実にすればよかったと考える人もいるだろう。

そもそも、天皇の側室は厳格な制度であって、無制限に人数を増やせなかった。江戸時代から、おおむね二、三人で運用された。寝所に仕えるローテーションや慣習もあるうえ、出身家格の縛りもあった。側室制は、天皇が融通無碍《むげ》に女性を調達する制度ではない。日本の後宮《こうきゅう》は、管理された空間であった。

そうしたことから考えると、興味深い事実が浮かび上がる。園祥子が側室となって以降、新たな権典侍の任用がなくなり、園以外の懐妊もなくなる事実だ。子をなす側室は、園ひとりに絞られる。それは、以下のような事情があった。

伊藤博文《いとうひろぶみ》の宮内卿就任（一八八四年）を機に立憲化への動きが強まり、条約改正に向けて、宮廷を西洋化する機運ももたらされた。時代は一夫一婦化を求めている。皇后自身が女子教育を推進する手前、女性を道具のように扱う側室制に対して、環境は厳しくなっていた。そうした状況で新たな側室召し出しは難しかったのだ。

さらに、当時進められた皇室典範の議論では、側室が複数いた場合、継承の順位付けが難しくなる問題が指摘された。実質的に子をなす側室を園ひとりに絞れば、継承をめぐる問題は回避できる。側室制を漸進的に縮小せざるを得ない状況にあった。

天皇の新側室拒絶

これを裏付けるのは、『明治天皇紀』（一八九六年四月二八日条）である。少し長いが、重要なので引用しよう。

侍従長徳大寺実則はこの日、御側女官〔側室〕を〔新たに〕召し出すことを天皇に請願した。天皇には男子が乏しく、国民は窃《ひそ》かにこれを嘆き、〔このままでは〕皇室を繁栄させ、国家興隆の基礎とすることはできないと考えている。よって、山県有朋《やまがたありとも》、松方正義《まつかたまさよし》など有志の臣僚が、徳大寺と謀《はか》り、速やかに御側女官を召し出し、皇男子を得て、将来、陸海軍に従事させ、三軍統率の任に当てることを希望し、徳大寺に請願させようとした。

　徳大寺は、奏請には時期があると考え、奏していなかったが、この時期、〔日清戦争の〕大本営が解散し、国家がまったく平和になったことをもって、この日に書をもって密《ひそ》かに伏奏した。その書にいわく「これは逸楽《いつらく》のために召すのではありません。誠を国家になし、皇祖皇宗《こうそこうそう》に対する大孝を全《まっと》うするためにほかなりません」。しかし、天皇はついにこれを許可しなかった。

「逸楽」とは性的な楽しみを意味する。この段階で明治天皇は四三歳である。翌月、園が七番目の子（聡子内親王）を産んだ事実から考えても、子供をつくる能力は十分にあった。徳大寺は、別の若い御側女官を召して、皇男子を充実させてほしいとの希望を伝えたが、天皇は拒否した。

　その理由には、すでに一六歳であった次代の嘉仁親王に懸けたい気持ちがあったと推察される。園ら既存の側室は存続させたが、新たな側室はやめた。皇室一夫一婦化への階梯《かいてい》である。

3　明治典範による効果

シュタインの教え

明治皇室が一夫一婦を目指したように見えない最大の理由は、一八八九（明治二二）年二月一一日に制定された明治皇室典範（以下、明治典範）が、側室を否定しなかったことにある。その第四条は、皇室に嫡出子（正妻の子）がいないとき、庶出子（側室の子）が皇位を継承すると定めた。条文に「側室」など直接的な表現はない。だが、庶出子の継承を認めたこと、これが側室容認だと受け止められている。

明治典範制定時に、明治天皇にあった男子は、柳原愛子による皇庶子の嘉仁親王（一八八九年、一〇歳で皇太子）ひとりであった。明治典範が、皇庶子の皇位継承を認めたのも、現実の皇族構成を考えれば、やむを得なかったとも言える。

しかし、明治典範には、家族の近代化志向が強く刻印されている。ひとつは皇族の通婚範囲を限定したこと、もうひとつは勅許《ちょっきょ》（天皇の許可）を皇族の婚姻の要件としたことである。日本の政治指導者に、皇室法のあり方を教えたのは、ドイツ人国家学者、ローレンツ・フォン・シュタイン（オーストリア・ウィーン大学教授）である。シュタインは日本人に憲法を伝授した学者として知られるが、皇室法についても多くを教えた。

シュタインは、一八八二年に憲法調査のため欧州に渡った伊藤博文に対し、皇室法、なかでも継承規則と婚姻規則の重要性を説いた。なぜ、この二つの規則なのか。シュタインの教えをわかりやすく説明すると以下のようになる。

〈君主の継承規則・婚姻規則は憲法とは独立した形でつくられるべきだ。君主は、立法からも行政からも、独立しなければならない。君主の身分が不分明であってはならず、君位の継承が、議会が決める法律または裁判所によって決定されてはならない。そのために、誰が、どういう順番で、君位を継承し得るのかを明確にする継承規則が必要であり、それは婚姻規則が基礎になる。たとえば、君主に二人の妻がいて、第一の妻が、第二の妻のあとに子供を産んだ場合、継位の順序が定められなくなる。君主の配偶者はひとりに限るべきで、正統結婚以外の者が産んだ子に継承権を与えるべきではない〉。これが、シュタインが説いたポイントであった（「スタイン氏帝室家憲意見」）。

婚姻規則のなかで重要なのは、「同等性の原則」と国王による「婚姻許可制」である。これらは、王族の正統性を高める目的で西洋において定められた。

「同等性の原則」は、ドイツ皇帝が、連邦諸侯の王女と結婚するように、身分が近い者と結婚しなければならないと限る通婚制限である。上位貴族以外との通婚は原則、許されない。

「婚姻許可制」は、王族の結婚には国王の許可が必要だとする規則だ。身分違いの婚姻を望んでも国王から許可されないし、それでも結婚したいのならば、生まれた子に王位継承権は与えられない。

これらのルールに悖《もと》る婚姻は、貴賤《きせん》結婚・不正結婚である。英語ではモーガナティック婚、あるいはレフト・ハンディッド婚（左手の結婚）と呼ばれた。シュタインが教えたのは、「同等性の原則」と「婚姻許可制」が西洋世界の標準であることだ。

侍従も欧州で学ぶ

シュタインが教えた人物のひとりに、明治天皇がもっとも信頼を置いた侍従、藤波言忠《ふじなみことただ》がいた。藤波への講義（一八八六～八七年）の記録は、「澳国《おうこく》スタイン博士講話録」として残されている。婚姻規則についても、かなりの分量を割いた。シュタインは次のように教えた。

日本皇室においては、皇后の外《ほか》、二、三人の女御《にょうご》〔側室〕がいるとひそかに聞く。皇后に皇子がない場合、女御から出た皇子に王位を相続させるためにやむを得ないとはいえ、正統〔の結婚〕をもって正しい道とする趣旨に悖る。このような慣習は人智未開の昔ならば物議を生じないが、将来人智が発達するに至れば、国民は必ず異様の感念を抱くだろう。〔中略〕

もし御側女官から出た子が〔帝位を〕相続できるとすれば、ついには賤民の子孫が帝統を継ぐことになる。たとえ、公爵や伯爵の娘を御側女官とするにしても、この娘の母が正妻でなく陋巷《ろうこう》の賤婦《せんぷ》だとすれば、匹婦《ひっぷ》の子孫が至尊の帝位を継ぐ事態を防げない。シュタインは、正統の嫡出子だけに皇位を相続させるのが正道だと述べた。シュタインには、御側女官という習俗は「unglaublich!《ウングラオブリヒ》」（信じられない！）と嘆息を漏らすに足る陋習《ろうしゅう》に見えただろう。

明治政府は、欧州各国の王室制度を丹念に調べ、膨大な文書を作成した。そのなかに「普国王室家法概略」と題した史料があり、プロシア王族の婚姻制度が詳しく書かれている。ライヒス・グラーフ（帝国諸侯）より格下の家の娘と王との結婚は認められないなど「同等性の原則」の具体的内容が記してあった。フリードリヒ・ヴィルヘルム3世（在位一七九七～一八四〇年）の再婚は同等性が認められなかったなどの例も説明される。

明治典範の検討と同時代の他国を見ると、ロシア皇帝アレクサンドル2世（在位一八五五～八一年）の再婚は、相手の同等性が認められず、不正結婚とされ、子供には継承権が与えられなかった。宮内省は、西洋の実例から多くを学んだ。

側室抑制方針

日本でも継承に直系優先などの原則はあったが、とくに危機時の継承は話し合いによった。後桃園《ごももぞの》天皇が一七七九（安永《あんえい》八）年に亡くなり、直系男子の子孫が途絶えたとき、閑院宮《かんいんのみや》家と伏見宮《ふしみのみや》家に計三人の後継候補がいた。駆け引きの末、閑院宮家の祐宮《さちのみや》（のち光格《こうかく》天皇。中宮《ちゅうぐう》に、後桃園天皇の皇女欣子《よしこ》内親王を迎える）が選ばれた。

江戸時代であれば、継承問題は宮廷内で解決できる。ところが立憲体制のもと、国会開設後はそうはいかなくなる。皇位に駆け引き、あるいは民権派の介入の余地をなくすため、厳格な順位付けが必要となった。

日本でも、正室の中宮・女御は、皇族・五摂家・徳川将軍家から選ばれるルールはあった。側室の権典侍の家格も、先述したとおり、平堂上家である。ただし、江戸時代には、天皇が格下の女官（命婦《みょうぶ》）に子を産ませた例もあった。

それだけではない。光格天皇の母大江磐代《おおえいわしろ》は、公家出身でもなく、鳥取藩家老の家臣の娘で、閑院宮家の下級侍女《じじょ》だった。大江の母は家柄も身分もはっきりしない女性（地元では焼き餅屋《もちや》のおりんと呼ばれた）である。日本のルールは曖昧《あいまい》であり、その問題点に伊藤らは気付く。

側室と庶出子を認めないシュタインの考えと、実際は側室と庶出子が存在する現実に、どう折り合いを付けるかが最大の難題であった。伊藤は宮内卿就任と同時に、宮中に制度取調局を設置し（一八八四年）、皇室法の制定作業を本格化させる。

最初にできた草案が「皇室制規」であった（一八八六年に成立）。「皇室制規」は、女性天皇を認めるなど先進的な草案である一方で、庶出子の継承も認めており、シュタインの理念と現実の間で微妙なスタンスを取った。ただし、宮家皇族の庶出子は、私生として継承権を与えないと規定したことは注目すべきだ（第二七条）。天皇の側室は現実として容認せざるを得ないが、宮家皇族の側室は認めない厳しい規定であった。

欧州婚姻理念の刻印

「皇室制規」以後、宮家皇族の側室を認めないと定めた案はない。最終的に制定された明治典範もまた同じである。このため、婚姻規則についてはシュタインの影響は少なく、明治典範は、庶出子と側室を容認したと考えるのが通説である。

明治典範の制定過程でも、立法の中心人物、井上毅《いのうえこわし》が、側室・庶出子を認めたと考える研究は多い。たしかに、井上は「皇胤を繁栄させるためには他の種々の方法がある」と言葉を濁《にご》しながら、側室を許したように見える（「謹具意見」）。

しかしながら、井上が無制限に側室を容認したとも思えない。明治典範が枢密院で審議される最中、井上は伊藤に手紙を出し、「皇族が多過ぎる懸念は、つまるところ、妾腹に制限がないからである」と久邇宮朝彦《くにのみやあさひこ》親王を批判した（一八八八年六月五日、『伊藤博文関係文書』一）。久邇宮は庶出子多数をもうけていた。側室に厳しい西洋の事情を井上は理解していた。

実際、明治典範には、「同等性の原則」および「婚姻許可制」という結婚正統化の西洋の理念が明文化されている。「同等性の原則」については、「皇族の婚嫁《こんか》は同族〔皇族〕、又は勅旨に由《よ》り特に認許せられたる華族に限る」とした第三九条に定められた。皇族は、皇族同士、あるいは認められた華族としか結婚できないとする通婚制限原則である。「婚姻許可制」は、「皇族の婚嫁は勅許に由る」とする第四〇条がそれである。明治典範には、正統結婚のみを許す西洋の理念が刻印された。

一掃された宮家の側室

この点、宮家皇族の実際の動向は興味深い。実は明治天皇に先んじて、側室廃止の動きを見せたからだ。

当時の皇族のなかには、先述した久邇宮のように、そもそも正妻を持たず、前近代的な家族関係のままに暮らす人物もいた。しかし、少壮皇族たちは、家族の近代化に協力していく。とくにリーダーのひとりであった小松宮彰仁《こまつのみやあきひと》親王の動きは注目される。

小松宮は伊藤・藤波と同様に、渡欧してシュタインから講義を受けた(一八八七年)。家族の近代化の理念を共有していたと見ていい。彼は、明治典範制定の直前、ほかの皇族と連名で天皇への上奏文(意見書)を提出した(一八八九年一月、「皇親ノ制ニ就キ上奏」)。注目すべきは次の一節である。

皇室典範において庶出が認められたのは実にやむを得ないことによるのであって、つまるところ、正しいことではない。そもそも皇室は人倫の本源であり、栄誉の源泉である。皇統の神聖を永遠に維持し、尊厳を無限に保有し、万国から仰ぎ見られ、庶民の崇敬を享《う》けるのは、皇位継承にある者に純潔なる血系が存在するからである。

小松宮が言う「純潔なる血系」とは、正式な妻の子孫のことである。今後、正統結婚以外の庶出子を抑制する決意を述べ、その代わり、現在の皇族の庶出子が臣籍降下する道は開くべきだと主張する。側室を廃止する宣言と見ていい。

実際、宮家に関する限り、一八八九年の明治典範制定が明確な境界線となり、庶出子は激減する。明治初年から明治典範制定までに宮家に生まれた嫡出子は六人、庶出子は二三人で、嫡出率は二一％であった。ところが、明治典範制定から明治末年までの宮家の嫡出子は三七人、庶出子は五人で、嫡出率は八八％と劇的に改善されている（巻末付録）。

しかも、この五人の庶出子は、すべて北白川宮能久親王《きたしらかわのみやよしひさ》の子供であった。北白川宮の子を除くと、全員が嫡出子となる。

一九〇〇年に宮内省が作成した文書には、「幸いにして、現在の成年皇族の品位と名誉を重んじる賢明さによって、近年新たに側室を置く皇族がいるを聞かない」とある（「皇親繁栄に関する件」）。この史料からわかる事実は、一九〇〇年の段階で、宮家皇族から側室が一掃されたことだ。そのなかで、側室を持つ最後の宮家皇族、北白川宮にはどんな事情があったのだろうか。

北白川宮の隠し子

北白川宮は明治典範制定の段階で四一歳であった。二〇代でドイツに留学し、ドイツ貴族である寡婦との結婚を希望し、驚いた宮内省幹部らに帰国を命じられ、謹慎した過去を持つ（『明治天皇紀』一八七七年四月二一日条）。その後、日本で結婚し、明治典範制定までに六人の子をつくった。うち五人は庶出子である。

これらを産んだ侍女（宮家の場合、側室を侍女、あるいは家女房と呼ぶ）は、申橋《さるはし》こう・岩《いわ》浪《なみ》いねであった。前者は代々、輪王寺宮《りんのうじのみや》の家臣であった申橋家出身、後者は日本橋の薬問屋の娘であった。天皇の場合、側室は権典侍から選ばれ、周囲の視線もあるため、女官をまったく自由に「お手付き」とすることは難しい。ところが、宮家で皇族の「お手付き」への裁量の幅は現実には広かった。

実は、北白川宮は、一八八五～八八年に、申橋・岩浪が産んだ四人を宮内省に届け出ずに秘匿していた。庶出子に厳しい「皇室制規」のこともあり、隠してしまったのだろう。この四人の庶出子については、典範制定に伴う皇統譜整備の過程で、北白川宮が正直に申し出て、皇族と認められた。一回目の隠し子である。

ところが、その処理が進む間に北白川宮は、別の侍女に子供を産ませる。明治典範制定直後の一八八九年三月、芳之《よしゆき》と名付けられる男子が生まれた。生母は、申橋カネである。申橋こうの姪《めい》に当たる。北白川宮は申橋家の二人の娘に手を付けたのだ。さらに、一八九〇年七月、別の侍女である前波《まえば》栄にも、正雄《まさお》と名付けられる男子を産ませた。なかなかの色好みの皇族である。芳之と正雄は、宮家関係者の子供として民間人の戸籍に入れられた。北白川宮の二回目の隠し子である。

生母が華族でないことを、北白川宮が懸念したのであろう（申橋は平民、前波は士族）。西洋的な概念で言えば、不正結婚による子となる。「同等性の原則」が、側室による男子出産を、隠すべき事態にした。

庶出子認知のプロセス

このあと、北白川宮の戦病死が事態を動かす。北白川宮は一八九五年、日清戦争後の台湾平定作戦途中で、マラリアで亡くなる。

死から一年が過ぎたころ、正妻である北白川宮富子《とみこ》妃が「このままにしておくのは、〔軍務に尽くした夫に〕相済《あいす》まない」との理由で、芳之・正雄の認知に向け動き出す。民間の戸籍から抜いてほしいとの除籍願が東京府知事に提出され（一八九七年二月）、宮内省が検討を始める。芳之は七歳、正雄は六歳だった。

検討の結果、北白川宮の実子であると認知はするものの皇位継承権がある皇族とは認めず、別の家を立て伯爵に処遇する処分が決まる。明治典範には、皇族誕生には宮内大臣の公告が必要との規定があった。出生から時間が経《た》った段階での公告手続きも論理的には可能だが、皇統が乱れると宮内省は考えた。けれども、二人の庶出子は、北白川宮の実子なのは疑いないため、華族に列する折衷案の採用となった。芳之には二荒《ふたら》、正雄には上野《うえの》の姓が与えられた（以上の経緯は「授爵録」）。二荒芳之、上野正雄となった二少年は以後、北白川宮家で養育される。

皇族の隠し子の処理は、宮内省に教訓を残した。庶出子の認知プロセスは困難を伴うことである。宮家皇族がどんな女性に手を付けたのかまで宮内省は把握できない。母子関係は懐胎・分娩《ぶんべん》の事実から確認できるが、父子関係の証明は難しい。仮に「皇族の落胤《らくいん》を産む」と宣言する女性がいたとき、否認する方法もなかった。

これを受けて宮内省は、庶出子認知の方法について検討を始める。「明治典範は庶出を認めたが、私生児を認知して庶子と為すには相当の内規を設けることが必要」と考えたためである（「皇親繁栄に関する件」）。

最初に検討されたのは「皇族庶子認知内則案」だった。庶出子認知のためには出生前の事情説明が必要だと定めたほか、「生母の身分血統」が「皇族の体面を潰《けが》すの虞《おそれ》あるとき」は、認知しないと規定した。

だが、この内則は制定されず、次善の策として、皇族誕生の際、宮内高等官の産所伺候《しこう》

（立ち会い）が定められた。皇室誕生令（一九〇二年）に明記された規定で、宮内官が誕生の瞬間を見届けない限り、皇族の子と認めないものである。さらに、皇室誕生令の後継令である皇室親族令（一九一〇年）では、皇族の庶出の身分に対して宮内大臣らが疑義を主張できる規定に改定された（第四七条）。宮内省が庶出子身分を否認する道を開いたのである。民法の嫡出否認の考えを、庶出子にまで拡張した規定であった。

この規定は、戦後の新皇室典範の施行まで存続する。しかしながら、同規定が使われた例は一度もない。つまり、側室や妾などから生まれた庶出子を「認知してほしい」と申し出た皇族はいないし、そのため宮内大臣が否認する必要もなかった。明治典範とそれに続く諸令は、皇室の庶出子を抑制し、一夫一婦化を明らかに進めた。

側室の隠蔽

宮家皇族における側室抑制の動きが、側室を維持した明治天皇にまったく影響しなかったとは考えられない。結婚正統化の考えは、明治天皇周辺にも浸透する。

その点、侍従藤波の動きは重要である。実に藤波こそ、欧州王室の婚姻規則を天皇に直接伝えた人物だからだ。藤波は帰国後、約三〇回にわたり、明治天皇にシュタインの考えを説明した（『明治天皇紀』一八八七年一一月八日条）。美子皇后も同席した。側室制は、近代国家の基準から外れると、天皇皇后は十分理解しただろう。

さらに、藤波は一八八八年四月、首相の伊藤博文に宛て宮中改革の意見書を提出し、側室について直接に意見する。

侍嬪《じひん》〔側室〕は皇胤の御繁栄を図るための存在で、この点で言うとやむを得ないことである。〔中略〕御交際諸国〔欧州諸国〕では一夫一婦を倫理の正当とし、正婦の子でなければ私生児として正統な家系を相続させず、正婦に子がないときは血縁がもっとも近い者を選んで、王統を継がせている。しかし、ひとり日本の皇室だけが従来の風を守り、改めないときは諸外国から蔑視《べっし》されるだろう。〔中略〕これゆえ、侍嬪を廃することがよいと言えるが、皇胤御繁栄のうえで影響は大きいので、これ以後、侍嬪を置くにしても、女官には加えず、姓名も公示しないで、隠れたる者とし、別格の地位に置くことを希望する。

（「侍従藤波言忠意見書」）

藤波は、側室が誇れない存在と認め、「隠れたる者」とすることを提案した。明治天皇がこの提案に同意しなければ、一侍従が首相宛てにこうした意見書を出す事態はなかったであろう。明治天皇も側室廃止が正しいことだと考えたはずだ。

これは、欧州王室を見た政府高官たちの共通認識でもあった。たとえば、オーストリア公使西園寺公望《さいおんじきんもち》は、伊藤博文に対し、「願わくは皇宮〔天皇〕の女官は全廃し、皇后宮の女官だけになされるように希望いたします」と手紙にしたためた（一八八六年一月一五日、『伊藤博文関係文書』五）。側室の即時廃止は無理だとしても、縮小か隠蔽《いんぺい》が、西洋化・立憲化を目指す皇室には必要であった。

皇室に見る近代家族

実際、藤波の提言どおり、側室は隠蔽されるようになる。

明治典範制定後の御側女官は千種、小倉、園だと考えられるが、この三人は表《おもて》の行事に出席しなくなる。日清戦争時、広島の大本営にいた明治天皇を慰めるため、美子皇后が、千種と園の二人の側室を公然と広島に同行させた例はある。これは例外だった。側室が隠れた存在になる半面、美子皇后の役割は重くなり、天皇とともに一夫一婦の姿を公の場で見せていく。

皇后は早くは一八七二年一〇月、ロシアのアレクセイ皇子来日の際、明治天皇と一緒に引見し、外交上のホステス役を果たした（「昭憲皇太后実録抄本」巻三）。外国交際では明治初期から、夫婦での公務を行っている。

欧州王室との互換性・共通性が意識され、皇后の出番が増えた。とくに、一八八九年、大日本帝国憲法発布を記念した観兵式に、天皇と皇后が同じ馬車で向かったパレードは象徴的である。華族女学校の英語教師、アリス・ベーコンは、馬車列を見た感想を次のように書く。

天皇と皇后は初めて同じ馬車に同乗しました。これは、日本の女性たちの大きな進歩です。なぜなら、天皇は、神性において皇后よりもはるかに上なので、公の場で皇后と一緒の馬車に乗ることがなかったからです。しかし、昨日は、皇后と同乗し、皇后が天皇と同じ社会的地位に引き上げられた事実を天皇自身が認めました。妻の地位に対する西洋の考え方を公式に採用したのです。（*A Japanese Interior*）

米国人のベーコンは、明治天皇夫妻に一夫一婦の平等なカップルを見た。憲法と典範の制定によって、明治政府が諸外国に見せたかった天皇皇后像である。明治天皇と美子皇后は、「天皇皇后両陛下」と呼ばれるようになった。明治以前には両陛下という言葉はない。同様なパレードは一八九四年の銀婚式のときにもあった。米国の新聞は、「旧慣を改め、男女同等の風に近づけよう」との天皇の考えによるものだと評した（『昭憲皇太后実録』三月九日条）。

変化は錦絵《にしきえ》などの図像にも表れる。嘉仁親王誕生をモチーフに描かれた錦絵は女官多数が描かれるなど、家族の輪郭が明確ではなかった。しかし、一八九八年の「皇室御親子御尊影」では、女官が排除され、明治天皇と美子皇后のもとで子供たちが描かれた。子供は皇后の実子ではないが、側室たちは完全に隠蔽された。大きな変化である。民衆の側も、皇室に一夫一婦の近代家族を見ようとした。

明治天皇がよき話し相手としたのは、複数いた権典侍ではなく美子皇后だったことも知られる（「近代化のなかでの皇后」）。明治天皇のなかでも、正室と側室は厳密に区別されていた。

「皇子御降誕之図」（一鏡斎芳景，1879年）の一部　嘉仁親王の誕生を描いた作品．乳児を抱く柳原愛子の右でデンデン太鼓を振るのが明治天皇（右端）．多数の女官が描かれるが，皇后はここにいない

「皇室御親子御尊影」（渡辺忠久、1898年）女官を排除し、皇后（右端）の実子ではない子供たちが一家の近代家族性を強調している

「皇室」の誕生

幕末まで「朝廷」と呼ばれた天皇周辺は、一八八〇年代半ばごろから「皇家」「帝室」「皇室」と呼ばれ始め、最終的に皇室が定着した。皇室とは imperial family、すなわち天皇の家族のことだ。明治中期、天皇の家族性が強調されるようになると、皇室の語が頻繁に使われるようになる。逆に明治以前に皇室という用語はない。皇室の誕生は、宮中における近代家族の生成を意味する。皇室は近代の概念だ。

明治典範に明記された「皇族」もまた近代の概念である。皇族という言葉は、前近代には使用されず、主に「皇親《こうしん》」が使われた。「皇親」は皇族と似てはいるが、概念を異にする。「皇親」は、婚姻が成員性に影響しない（「近代皇族制度の形成と展開」）。たとえば、中宮・女御となっても（天皇の正室になっても）、「皇親」とはならない。「はじめに」で言及した仁孝《にんこう》天皇の女御鷹司繋子《たかつかさつなこ》、祺子《やすこ》は、あくまで鷹司家の人間であり、「皇親」ではない。天皇家の外の女性が、天皇に嫁いでも、天皇の親族（皇親）にはならない。中宮・女御になるとは、入内《じゅだい》であって、近代的な意味の結婚とも異なる。

明治典範のもと、結婚して天皇・皇太子や宮家男性の正妻となる女性は、皇族となる決まりとなった。これは大きな変化である。前近代では父系（男系）の親子関係こそ重要であった。これに対し、近代皇室では、婚姻による母系血縁も同時に大切になる。

母の身分が低かった光格天皇が即位できたのは、母系血縁は問われなかったからだ。これに対し、明治典範の制定で、天皇の母は、誰でもいいわけではなくなる。「同等性の原則」を取り入れることによって、皇室は、父系（男系）血縁だけでは説明しきれない論理を取り込んだ。皇后の家格の厳格化によって、母系血縁が以前より重要となったのだ。

最晩年の側室召し出し

本章は、ここまで宮廷の近代的変容について見てきた。明治天皇が確実に近代家族、一夫一婦に向かったことは理解できただろう。

ところが、明治の最後に近代家族化に逆行する動きがあった。明治天皇の最晩年、新たな側室が登場する。当時三〇歳を過ぎたばかりの権掌侍栗田口綾子《あわたぐちあやこ》である（『御所ことば』）。晩年の明治天皇は糖尿病を患い、死期が近いと自覚した。栗田口の召し出しは新たな皇胤確保のためとは考えられず、弱気になったゆえだったのか。これまで新たな側室を頑《かたく》なに拒否していたにもかかわらず、最後に自分に負けてしまったのか。明治天皇は一夫一婦に向かって歩んでいたものの、最終的には多妾という前近代的な習慣をやめられなかった。

第2章　家庭人としての大正天皇

　大正天皇（嘉仁《よしひと》）とその妻貞明《ていめい》皇后（節子《さだこ》）を、皇室の近代家族化のなかに位置付けるのは難しい。先代の明治天皇には間違いなく側室がおり、次代の昭和天皇には確実に側室はいない。その間にある大正天皇は一夫一婦制を確立したと書かれる一方で、一夫一婦の内実は天皇の女性への興味で揺らいでいたと指摘されることもある。

　たとえば、結婚した年の避暑で、大正天皇は頻繁に未婚の華族女性（鍋島伊都子《なべしまいつこ》）を訪ね、新妻の節子妃が怒って帰京した出来事がしばしば言及される（古川隆久『大正天皇』など）。

　とくに大正天皇の女性好きイメージを決定的にしたのが、原武史『皇后考』だ。大正天皇が、ある女官との間に庶出子（婚外子）をなしたとする当時の風聞をもとに、原は「精神的ストレスは、たとえ一夫一婦を演じようが節子だけで解消されるものではなく、複数の女官と性関係をもった睦仁《むつひと》（明治天皇）同様、若くて美しい女官をますます必要としたのかもしれない」とまで書く。女官のひとり（梨木止女《なしのきとめ》）が、大正天皇に頬《ほお》を舐《な》められたと話す証言を紹介し、原は、天皇の女性好きイメージを増幅した。原の解釈が正しいとしたら、一夫一婦の内実はたしかに危うい。

しかし、事実はどうであったか。私は大正天皇こそ、皇室における近代家族のパイオニアと考える。妻を愛し、子供を愛し、家庭を重んじた近代人であった。

この章では、大正天皇夫妻の近代家族としての側面を論じていく。

1　大正天皇のお妃選び

容姿が妃の条件となる

大正天皇（以下、一九一二年の即位前は嘉仁皇太子と呼ぶ）が九条節子と結婚したのは一九〇〇（明治三三）年五月である。嘉仁皇太子は二〇歳、節子は一五歳であった。当初の妃候補は、伏見宮禎子《さちこ》女王であったが、不妊の可能性が指摘され、節子が選ばれた。妃選考過程からわかることは、未来の皇后選びが、側室のない一夫一婦を前提としたことだ。

一八九一年四月三日、赤坂離宮に、皇族・華族の娘一〇人が呼ばれた。嘉仁皇太子の妹である昌子《まさこ》内親王（常宮《つねのみや》、二歳）、房子《ふさこ》内親王（周宮《かねのみや》、一歳）と遊ぶという名目である。そこには、嘉仁皇太子の妃となる娘を観察する隠れた目的があった。『明治天皇紀』には次のようにある。

> 明治二四〔一八九一〕年ごろ、〔中略〕月数回、日を定めて、皇族および公爵の娘で、皇太子の配偶者になるのに適する年齢の者を高輪《たかなわ》御殿に集め、昌子内親王、房子内親王の遊びの相手をさせ、〔二内親王の〕御養育主任の佐佐木《ささき》高行《たかゆき》に、これら女児の容姿・性行を審察させた。
>
> （一八九九年三月二二日条）

一〇人のなかには、伏見宮禎子女王（五歳）、北白川宮満子《みつこ》女王（五歳）・貞子《さだこ》女王（三歳）の三人の皇族がいた。さらに、五摂家である九条家の籌子《かずこ》（八歳）・節子（六歳）の二人、最後の将軍、徳川慶喜《よしのぶ》の娘国子《くにこ》（九歳）姉妹ら他の公爵家の五人もいた。少女たちは多少の入れ替えはあるものの、引き続き宮中に呼ばれ、審察（観察）された。

「女児の容姿」が観察対象となった点が重要である。江戸時代、天皇の正室が、人びとの前に立った例はない。見られる機会がなかったから、容姿はそこまで重要ではなかった。正室として必要な素養は、和歌や書に優れるなどの文学的才能だ。

ところが、明治となり、天皇の正妻は、容姿、端的に言えば美人である点が重要になる。この点、美子《はるこ》皇后（昭憲皇太后）は周囲が認める美人であった。近代皇后の条件のひとつは容姿が優れることである。

この条件のもと、候補はすぐに決まった。伏見宮禎子女王である。彼女は「雪の精のように肌の色が白く、見るからに王女の気品を備え」た姫であった（『貞明皇后』）。『明治天皇紀』（同前）も「禎子女王が独り群を抜き、華族女学校の学監下田歌子《しもだうたこ》もまた強く推奨した」と当時の評判を伝えた。ほかの候補を大きく引き離す高評価だったことがわかる。一八九三年、一三歳の嘉仁皇太子と七歳の禎子女王の将来が内約された（『明治天皇紀』五月三一日条）。

特に定むる華族

江戸時代の天皇の正室である中宮・女御は、皇族よりも公家筆頭である五摂家（近衛《このえ》・九条・一条・二条・鷹司）から選ばれる例が多かった。明治天皇の場合でも、一条家の明子《あきこ》・美子姉妹と有栖川宮《ありすがわのみや》家の利子《としこ》女王の三人の候補がいたが、宮家の利子女王ではなく、五摂家の一条美子が選ばれた（『明治天皇紀』一八六七年六月二七日条）。

前章で見たとおり、明治典範制定にあたり、通婚制限原則を確立する必要に迫られる。明治典範（一八八九年）には、皇族の婚姻相手は、皇族か、特に認許せられたる華族に限るとしか書いていなかった。嘉仁皇太子の結婚を念頭に、その直前にできた皇室婚嫁令《こんか》（一九〇〇年）もまた「皇后を立つるは、皇族、又は特に定むる華族の女子満十五年以上の者に限る」（第二条）と規定したが、依然として曖昧で、同等性を明確にしたとは言えない。この点、宮内省の考え方を示すのが、皇室婚嫁令と同時に検討された「皇室婚嫁内則」である。

皇室婚嫁内則

この内則は、「特に定むる華族」を次のように規定する。

第一条　皇室典範第三九条および皇室婚嫁令第二条に依《よ》り、皇室に於《お》いて華族と婚嫁を為すは本則の定むる所に依り、門地高く、血統正しき家を選ぶべし。

第二条　皇后、皇太子妃、皇太孫妃は左の家に選ぶ。
　九条公爵家　近衛公爵家　一条公爵家　二条公爵家　鷹司公爵家
以上の家に於いてその選に膺《あた》るべき者なきときは左の家に選ぶ。
徳川公爵家　三条公爵家　岩倉公爵家　島津公爵家　毛利《もうり》公爵家　島津公爵家
久我《こが》侯爵家　西園寺侯爵家　徳大寺侯爵家　花山院《かざんいん》侯爵家　大炊御門《おおいのみかど》侯爵家
菊亭《きくてい》侯爵家　広幡《ひろはた》侯爵家　醍醐《だいご》侯爵家
清棲《きよす》伯爵家

第三条　親王妃は伯爵以上の家に選ぶ。
王妃は子爵以上の家に選ぶ。

（第四条は略、『伊藤公雑纂』七）

これにより、皇后になり得る家は、四つのグループに分類されたことがわかる。

第一に皇族家（宮家）である。当時は、有栖川宮・伏見宮・華頂宮《かちょうのみや》・山階宮《やましなのみや》・久邇宮・賀陽宮《かやのみや》・梨本宮《なしもとのみや》・小松宮・北白川宮・閑院宮の一〇家があった。

第二が五摂家で、九条・近衛・一条・二条・鷹司の五家からなる。

第三が、徳川宗家＋勲功家と呼べるグループで、徳川（宗家）・三条・岩倉・島津・毛利・島津の六家からなった。島津が二回出てくるのは、島津本家と島津久光《ひさみつ》家（分家、玉里《たまざと》家）の二家があったためだ。

第四が、五摂家に次ぐ上流公家の清華《せいが》家で、久我・西園寺・徳大寺・花山院・大炊御門・菊亭・広幡・醍醐だ。これに清棲伯爵家を加え、九家からなっていた。清棲伯爵家が加わるのは、この時点で、臣籍降下した唯一の旧皇族の家であるためで、清華家と同列とみなされたのだろう。

同等性の同心円

この規定には二つの意味がある。第一に、皇后となる家の範囲を、清華家までと限定した点だ。同等性の範囲を明確化した。

第二に、①皇族家（宮家）、②五摂家、③徳川宗家＋勲功家、④清華家は、同心円状の階層をなしていたことである。皇太子妃選考では、同心円のもっとも内側の皇族家（宮家）から選び始め、五摂家、徳川宗家＋勲功家、清華家……と順に選考する原則を立てようとした

（2-1）。

ただし、この内則は実際には制定されなかった。皇室婚嫁令は当初、大婚令として起草され、そこには、皇后は「皇族、又は華族〔の〕侯爵以上」から選ぶとあった（『伊藤公雑纂』七）。これが皇室婚家令では「皇族、又は特に定むる華族」と制限が緩和された。この点を考えると、皇后を出す家の限定には躊躇《ちゅうちょ》があったと考えられる。

2-1　皇室と「同等性」の範囲と階層

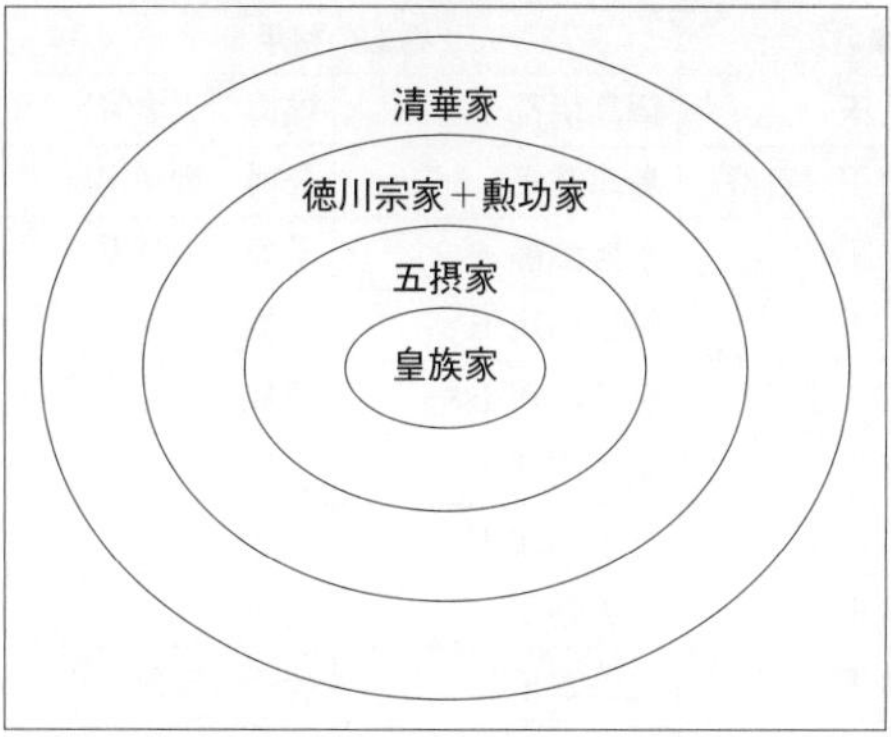

　しかし、嘉仁皇太子の結婚以降、大正末までの男性皇族の婚姻（2-2）を見ると、興味深いことがわかる。結婚した一二人は全員、王であるが、一一人は皇族あるいは公爵家・侯爵家の女性と結婚したことだ。王の通婚範囲は、皇室婚嫁内則第三条によれば子爵家までである（華族の序列は、公爵―侯爵―伯爵―子爵―男爵の順）。実際は、王であっても、原則的には「侯爵家以上」の縛りが守られていた。

　唯一の例外は、久邇宮多嘉《たか》王と、子爵家出身の水無《みな》瀬《せ》静子《しずこ》との結婚（一九〇七年）である。多嘉王は久邇宮家の第五王子であり、結婚前に臣籍降下が決まって

2-2　皇族の婚姻相手（明治後期から大正期）

時期	皇族名	婚姻の相手	
1900年	梨本宮守正王	鍋島伊都子	侯爵（大名家）
1902年	山階宮菊麿王（再婚）	島津常子	公爵（勲功家）
1907年	久邇宮多嘉王	水無瀬静子	子爵（羽林家）
1908年	竹田宮恒久王	昌子内親王	皇族
1909年	北白川宮成久王	房子内親王	皇族
1910年	朝香宮鳩彦王	允子内親王	皇族
1915年	東久邇宮稔彦王	聡子内親王	皇族
1919年	伏見宮博義王	一条朝子	公爵（五摂家）
1921年	賀陽宮恒憲王	九条敏子	公爵（五摂家）
1922年	山階宮武彦王	賀陽宮佐紀子女王	皇族
1925年	久邇宮朝融王	伏見宮知子女王	皇族
	閑院宮春仁王	一条直子	公爵（五摂家）

いた（『明治天皇紀』二月二七日条）。種々の都合から皇族であり続けたため原則を外れるが、まさに例外である。

明治期、皇族・華族制度が整備され、身分秩序が再編成される。天皇・皇族の正妻の位置付けは、江戸時代より上昇した。妃選びでは、天皇・皇族との同等性が意識されるようになった。その意味で、皇族家（宮家）の伏見宮禎子女王の選定は新例であり、かつ、順当な結論であった。

伏見宮禎子の不妊問題

ところが、一八九九年一月、一三歳になっていた禎子女王に思わぬ問題が発覚する。肺結核だと診断されたのだ。なぜ、肺結核が問題になるのか。嘉仁皇太子も結核であり、夫婦がそろって同病では、健康衛生上から問題があった面はある。ただし、危惧《きぐ》されたのは、不妊の可能性だ。

結核は、肺に感染して咳《せき》が止まらないイメージが強い。しかし、肺以外の器官に感染する例があり、性器結核、つまり、膣《ちつ》など生殖器への感染も結核のひとつだ。肺結核でも、血液を介して性器や卵管、子宮に結核菌が転移することがある。すると、不妊の可能性が出る。

ここに、禎子女王では世継ぎができない懸念が急浮上した。

明治中期、結核と不妊の関係について、西洋医学の知見が日本に移入され始めていた。とくに、侍医の橋本綱常は、「禎子女王にはお子様がお出来にならない」と頑強に主張した。彼は「私の主張には自信がある。〔もし間違っていたら〕腹を切る」とまで言い切った（「元侍医荒井恵談話」）。『明治天皇紀』（一八九九年三月二二日条）は「右胸部に水泡音聞こえ、その健康なお憂慮すべきものあり。皇統継続の上より、果たしていかが」と書く。「皇統継続の上より」とある表現は、禎子女王の一般的な健康不安から出た記述ではない。具体的な不妊問題を受けた書きぶりなのだ。

種々の検討の末、明治天皇は三月二二日、結婚の内約破棄を決断する。後日談になるが、禎子女王は二年後、土佐藩最後の藩主の長男山内豊景《やまうちとよかげ》と結婚するが、子供はできなかった。結核が原因かどうかはわからない。ただ、宮内省幹部たちは、のちのちまで「禎子女王を選ばなかったから、皇統は繁栄した」と語り継いでいく。

「噂よりはよろしく見えた」

宮内省は急遽《きゅうきょ》、次の候補を探す。同等性の内側から順に選ぶ新ルールに基づけば、久邇宮純子《あつこ》女王（一五歳）、北白川宮満子女王（一三歳）ら別の皇族が次善の候補となるはずだ。ところが、純子女王は、父の久邇宮朝彦《あさひこ》親王（故人）と明治天皇との関係が悪く難しいと考えられ、満子女王にも健康問題があった。そこで、次の五摂家の同心円から浮上したのが、九条節子であった。

節子は名門の出身であるが、風評では美人ではなかった。生まれてすぐ東《ひがし》多摩《たま》郡高円寺《こうえんじ》村（現杉並区）の豪農、大河原《おおがわら》家に里子に出され、四歳までそこで育つ。武蔵野《むさしの》の野山で活発に成長し、九条家に戻ったのちも「黒姫様」と呼ばれるほど色黒であった。色の黒さは、当時の美人の条件から外れる。

選考の最終段階で、侍従長の徳大寺実則は、節子の写真を入手した。彼が皇后宮大夫香川敬三に出した書簡（一八九九年五月一〇日）には「噂よりはよろしく見えた」と露骨な表現がある（「続・明治期における東宮《とうぐう》妃選定問題」）。佐佐木高行も日記に「御器量悪《あ》しき」と直截《ちょくせつ》に表現した（『かざしの桜』九月一一日条）。それにもかかわらず白羽の矢が立ったのは、節子の身体が丈夫だったからだ。実母である野間幾子《のまいくこ》（中川局《なかがわのつぼね》）は四人の子をなしたから、多産を予感させる。前宮内大臣土方久元《ひじかたひさもと》の言葉によると、「節子は体質の丈夫という一点だけ」（『かざしの桜』八月三一日条）で選ばれた。

一八九九年は明治天皇が四七歳になる年だ。その三年前、新たな側室を召し出す提案を拒否した事実は前章で確認した。直系男子は嘉仁皇太子しかいない。一夫一婦化の時代の流れのなかで、嘉仁皇太子に側室という選択肢は取りづらい。

明治期の妃選びでは容姿が重要になると述べたが、一夫一婦化のなかでは、確実に子をなす身体の丈夫さも同時に大切となる。容姿と健康の二点が、近代皇后の条件となった。伏見宮禎子女王は容姿重視で選ばれたが健康で失格となり、節子は逆に容姿では悪口を言われながら健康によって選ばれた。不美人の噂にもかかわらず節子が選ばれたのは、禎子女王の不妊問題への反動《バックラッシュ》とも言える。

明治天皇と同様、側室を置けるなら、不妊の恐れがある禎子女王でも構わなかった。しかし、上流社会の一夫一婦化傾向のなかで、側室を前提とした妃選びが不可能になり、節子が浮上したのである。

妾であった節子妃の母

節子の生母野間幾子は九条家の家女房であった。家女房は、側室（妾）であり、九条家の当主道孝《みちたか》には、もうひとり別の家女房もいた。九条道孝は正妻を早くに亡くしたため、年長の家女房の野間は、家事や子育てを仕切る実質的な妻であった。

九条節子が浮上した際、お雇い外国人で皇族の診察を担当したドイツ人医師、エルウィン・ベルツは、「妾の子を妃とするはいかがか」と疑問の声を上げた（「明治期における東宮妃選定問題」）。これを受けた宮内省幹部は、野間を正妻にするといったん決める。浅見雅男は、妾の子が皇太子妃になった前例は多く、ベルツの意見は的外れであったと述べるが（『皇太子婚約解消事件』）、正しい評価ではない。

たしかに、禎子女王や節子らと同世代の上流階級の女性には、妾の子が多い。だが、明治中期生まれの彼女たちは、上流社会で妾に子を産ませることが一般的であった最後の世代である。一夫多妾《たしょう》はこのあと、急速に廃《すた》れ、一夫一婦の時代がやってくる。ベルツはこうした時代状況のなかで発言しており、宮内省幹部が野間の正妻化に同意したのも、妾を公然と持つ時代が終わりつつあったからだ。実際には、野間は正妻に昇格しなかった。これは、身分の差による障壁のためだろう。華族でも、同等性を意識すれば、平民の正妻化は難しかった。

こののち、皇太子妃候補として徳川国子（一七歳）も検討されたが、最終的に、節子の線で落ち着く。九条家には一八九九年七月二七日に結婚の内約が伝えられた（「東宮御婚儀録」一）。

武蔵野育ちの平民性

皇太子妃候補の突然の交代は、宮中で反発を招く。明治天皇の生母中山慶子《なかやまよしこ》は、「ただ丈夫と申すだけで、子だくさんとなるわけではありません。緋桜《ひざくら》さん（権典侍《ごんのてんじ》）のように丈夫でも、子供がない場合もある」と不平を述べた（『かざしの桜』一八九九年九月八日条）。緋桜は明治天皇の側室、小倉文子である。九条家が、姻戚《いんせき》関係にある東本願寺の大谷家を使って運動し、侍医を買収したとする風聞まであった（『かざしの桜』一九〇〇年四月二六日、六月二一日各条）。

一方で、一般の人びとは、節子を好意的に受け止めた。理由のひとつは、田舎育ちの経歴にあるだろう。一八九九年末には『九条節子姫』と題された書籍が発売される。著者は、上流社会の令嬢は身体が弱い場合が多いが、「ひとり九条節子姫は、その身体の発育が完全にして、強健の体質を備えている」と節子を絶賛した。

『大阪毎日新聞』が結婚当日（一九〇〇年五月一〇日）、節子が育った旧高円寺村（当時は杉並村）のルポを掲載している。記者が、近所の子供たちに、九条様のお姫様を知っているかと聞くと、子供たちは「知ってるとも。オラの学校によく遊びに来た」と無邪気に答えた。農村で育った経歴は、節子と人びととの近さを示すエピソードとなる。のちの言葉で言えば平民性が称賛される。

人びとにとっては、美人・健康よりもむしろ平民性こそが、妃の重要な条件になった。

2　皇室の「睦まじさ」の誕生

契約としての御成婚

結婚直前のベルツの日記（一九〇〇〈明治三三〉年三月二三日条）には、「あらゆる東洋の風習にまったく反して、彼〔嘉仁皇太子〕が結婚前に他の女性に触れるべきではないと〔側近たちは〕決めている」という表現が出てくる。結核の健康不安がある当時二〇歳の皇太子を早く結婚させる必要があると周囲は考えた。明治天皇のとき、葉室光子、橋本夏子の若い側室が結婚前に置かれた。前時代と同じ措置は取れないと、伊藤博文ら周囲が判断していたことが、ベルツの記述からも明確になる。一夫一婦は確定していたと言える。

嘉仁皇太子と九条節子の結婚が正式発表されたのは一九〇〇年二月一一日だ。官報告示には、嘉仁皇太子が節子と「結婚を約せらる」とあった。何げない記述だが、「結婚を約」す、つまり、婚約の手続きが取られたのである。実に大きな変化であった。

たしかに、江戸時代の公家社会にも、幼いうちから結婚を約束する習慣、いわゆる許嫁《いいなずけ》のシステムはあった。しかし、明治の婚約には、個人と個人が契約する西洋法的発想が基底にある。

明治民法には、明文として婚約の規定はなかった。一方、皇室婚嫁令は、欧米の結婚規範を導入し、権利義務関係のなかで婚約手続きを定めた。習俗としての后妃《こうひ》の冊立《さくりつ》（正室を立てること）が、契約関係としての結婚へと転換したのである。その意味で、天皇家の長い歴史のなかで、初めて法的な婚約を果たしたのが、嘉仁皇太子と節子であった。

西洋に学んだことは、宮内省の文書（「東宮御婚儀録」六）に、プロシア王室の婚姻儀礼が詳しく記載されている事実からもわかる。そこには「〔王族の〕結婚は、まず『フェヤローブンク』を行うによりて開始す」とある。フェヤローブンク（Verlobung）とはドイツ語で婚約だ。この宮内省文書はさらに、指輪の親授、婚約披露晩餐《ばんさん》を経て、婚約が官報で告示されるプロシアの儀礼・手続きを紹介する。西洋の婚約の概念を皇室が模倣したことは明らかだ。

一夫一婦の鑑

新聞もまた皇太子婚約を歓迎した。『時事新報』（一九〇〇年二月一二日）は「御結婚の御約束に付き」と題する社説を掲載し、皇太子婚約について「感激に堪えない」と最大限の賛辞を贈った。同紙社説は、従来の「后妃の冊立」は、結婚の約束ではなく、男尊女卑の習慣から出たとしたうえで、今回の婚約は、契約関係である結婚の本義を明らかにしたと意義を強調した。

同紙社説はまた、それなりの家柄であっても、妾を蓄える者や、醜業婦に戯《たわむ》れる者がいると指摘した。醜業婦とは、性関係を売る女性だ。『時事新報』は、蓄妾《ちくしょう》や買春《ばいしゅん》は「重婚その他の道徳罪を犯すもの」で、結婚の約束に背く行為であると断罪した。そのうえで、「未開野蛮の陋習《ろうしゅう》」を演じながら文明国の仲間に入ろうとすることは、「外国人に対して赤面に堪え」ないと嘆いた。近代的な夫婦を創出する必要を説いたのである。

御成婚当日の新聞も、皇太子夫妻に一夫一婦の理想を見る論調であふれた。『萬朝報《よろずちょうほう》』(五月一〇日)の英文社説は、文明化された国民における「温かい家庭」(the sweet homes)に比するものが日本には少なく、結婚が人生において真剣で神聖だと考えられていないと断ずる。一方、日本でも英語で言うホームに近いものを築く教育が高い人が増えたと評価したうえで、嘉仁皇太子は、ひとりの女性との結婚によって、重婚者(bigamist)にも一夫多妻者(polygamist)にもならず、一夫一婦の天理(the natural law of monogamy)に従ったと評価した。

各紙とも、蓄妾や買春は人倫から外れるとして、皇太子夫妻に倣《なら》い、遅れた習俗をなくすべきだとする論調である。こうした論説が出た背景には、条約改正により、外国人の内地雑居が始まり(一八九九年)、遊廓《ゆうかく》や蓄妾など非文明的な習俗が改善されつつあると諸外国に印象付けたい支配層や知識層の意図も隠れている。文明国の証《あかし》が一夫一婦であり、皇太子夫妻がその範とされた。

生活の近代化は結婚だけに限らない。混浴・立ち小便・盆踊り・春画・刺青《いれずみ》・若者組など江戸時代から続く日本の習俗は、改良が叫ばれていた。

皇太子夫妻の新婚旅行

明治後期の日本では、生活意識や家族意識が変わりつつあった。皇太子の婚姻を機に、神前結婚が広まるのはよく知られる。宮中三殿で結婚を誓った皇太子夫妻と同じように、神社で結婚式を挙げるカップルが、徐々に増えていく。『東京朝日新聞』（一九〇八年一二月一一日）には以下のような記事がある。

従来、中流以上の婚礼は自宅が狭い場合、料理店で式と宴会を兼ねて行う者が多かった。しかるに、近頃は、式だけを神前で執行し、婚礼を神聖にしようとするので、日比谷の東京大神宮をはじめ、神田明神、日枝《ひえ》神社、麻布の出雲《いずも》大社東京分祠《ぶんし》、その他の各神社で神前結婚を行う者がますます多くなってきた。

神前結婚式の流行には、結婚の意味の変容という背景がある。家と家の結び付きではなく、個人による「新しい家」の創出という意味が込められるようになった。新しい家とは、夫と妻、そして子供からなる近代家族のことだ。新しい家には、新しい秩序、新しい礼式が必要となる。

御成婚の半月後、嘉仁皇太子と節子妃は、伊勢《いせ》・京都・奈良への結婚奉告旅行に出掛ける。

これは新婚旅行として受け取られ、新聞各紙は二人の動静を細かく伝えた。ハネムーンという西洋の習慣に「新婚旅行」の訳語が登場したのは一八八〇年代後半からであり、上流社会で少しずつ流行し始めた（「近代日本の新婚旅行」）。

もっとも神前結婚式や新婚旅行がこの時期に広く普及するわけではない。近代家族としての家庭を営む者は、都市における高収入のエリート層に限られた。しかし、人びとの意識のなかで、夫と妻が惹《ひ》かれ合って結婚し、子供をなすという家庭の理想は広く普及し始める。神前で結婚式を挙げ、新婚旅行をした皇太子夫妻は、人びとの理想であった。

乙女の屍

もちろん、当時の近代的な夫婦の多くは、自分の意思で相手を選んだわけではないし、家秩序と無関係に結婚したのでもない。その意味で、家の抑圧性がただちに払拭《ふっしょく》されたわけではない。

この点で、御成婚に関する山川均《やまかわひとし》の評論は注目に値する。のちの労農派マルクス主義者、山川はこのとき一九歳だった。彼が主宰する『青年之福音』の三号（一九〇〇年五月九日）に「人生の大惨劇」と題した文章が掲載される。このなかに「強力によりて、辱《はずかし》められたる乙女の屍《しかばね》」とする一節があった（「山川均らの『青年之福音』事件とキリスト教界」）。御成婚は、乙女（節子のこと）の意思に反した強制という意味である。山川はのちに「人は愛によってのみ自由に結婚する権利がある。〔中略〕強制された結婚は、結婚ではなくて無形の暴力による姦淫《かんいん》」であるという趣旨であったと説明した（『ある凡人の記録』）。本人の意思を無視して、結婚を押し付ける横暴を批判したのだ。

たしかに、皇太子夫妻の結婚は、当人たちの知らないところで決まり、事前に意思が確認されたわけではない。周囲のお膳立て（アレンジ）であったのは間違いない。

皇太子が妻の手を取る

嘉仁皇太子と九条節子の結婚当日の様子は、当時のビジュアル雑誌『風俗画報』臨時増刊に詳しい。地方から上京する者が多く、宿が足りず、東京市内の馬車鉄道も乗客があふれた。宮城《きゅうじょう》（皇居）二重橋近くでは、群衆が儀装馬車の前をふさぎ、二〇分間、馬車列が進めない混乱も起きた。約六〇年後の美智子妃ブームの熱狂には及ばないが、人びとが皇室の結婚に惹かれる現象はすでに明治期には現れていた。

嘉仁皇太子と節子妃の仲睦まじい姿を喜ぶ新聞記事は多い。たとえば、御成婚当日、青山御所に向けて馬車でパレードする模様を、『中央新聞』（一九〇〇年五月一一日）は、「紀伊国《きのくに》坂《ざか》に差し掛かるとき、〔節子〕妃殿下より、〔嘉仁皇太子に〕何かお話したようであり、皇太子殿下よりも〔妃殿下に対し〕何かとお話の御模様だった。〔中略〕極めて打解けて見え、仲の睦まじさが拝受された」と浮かれ気味の文章で寿《ことほ》いだ。また、「新婚旅行」の一場面について『大阪毎日新聞』（五月三一日）は次のように記した。

〔伊勢〕神宮御参拝の節、東宮殿下〔嘉仁皇太子〕は、ご自身の手で、妃殿下の帕《ヴェール》を取り外して差しあげ、また、妃殿下が携える洋傘をたたんでさしあげるなど、さまざまに介抱したようである。山田駅〔現伊勢市駅〕に御着車の際にも、妃殿下のお手を取られた様子を遠くから拝見することができた。

ヴェールを取る、傘をたたむなど欧米流のレディーファーストの作法が描かれるのは、人びとが新しい夫婦像を見たがったためである。皇室の睦まじさが強調されるのは現在も同じであるが、源流は明治期の皇太子夫妻にあった。

「睦まじい」という形容詞には、本来は「睦まじく」ないものが、仲よくしていることへの驚きのニュアンスが含まれる。現代日本語では、動物に使われる例も多い。「睦まじい小鳥のつがい」という用法には、小鳥なのに、人間と同様な仲のよさへの驚きが込められる。皇室に「睦まじい」の言葉が使われるのも、古色蒼然《そうぜん》たる皇室がモダンな男女関係を見せることへの驚きが隠れている。

妻が大好きだった

先行研究には、結婚直後の二人は一緒に過ごす日が少なく、「すれちがい」があったと書く著作が多い。たしかに、新婚直後、嘉仁皇太子は御用邸滞在が多く、離ればなれの日々が目立った。

しかし、これは、嘉仁皇太子が結核療養のため御用邸で過ごすよう求められたからである。節子妃は同行するよりむしろ東京で修養を積むことが重視された。嘉仁皇太子にとって、それは寂しかったようだ。東京に帰ってしまった節子妃を沼津《ぬまづ》御用邸に「呼び寄せられないか」と側近に尋ねている（「斎藤桃太郎《さいとうももたろう》日記」一九〇三年三月一六日条）。

節子妃出産の折、静養先から嘉仁皇太子がすぐに戻らなかった事実も二人の仲を疑う証拠と指摘される（『昭憲皇太后・貞明皇后』）。ただ、出産では男性は役に立たない存在とされていた。男性の出産立ち会いが流行するのは、主に一九八〇年代以降である。

皇太子夫妻が不仲に見えてしまうのは、現在の家族の標準から眺めるためである。静養先で妊娠中の妻を気遣う様子は、東宮大夫の斎藤桃太郎の日記に出てくる。節子妃は一九〇三年八月に流産してしまい、大腸カタル（大腸炎）を併発した。嘉仁皇太子は、斎藤から「普通、流産後六週間は同寝ができませんが、妃殿下は併発症もあり、一層、御疲労のため、七〇日は御同寝ができません」と伝えられた（「斎藤桃太郎日記」八月二五日条補遺）。しばらく寝室をともにできないことに対する皇太子の落胆が伝わってくる。

二人の間にできた子供の養育に当たった足立タカは「〔嘉仁皇太子は〕「節子、節子」とお呼びになって、非常に御いたわりのように窺《うかが》われましたが、皇后〔節子妃〕も、また、よくお仕えになっていました。小さいことですが、果物なども〔節子妃〕ご自身が皮を剝《む》いて、〔嘉仁皇太子に〕お勧めになっているのを拝見したこともありました」と証言する（「故侍従長鈴木貫太郎夫人鈴木孝子談話」）。老女官にお転婆ぶりを注意され、涙を流す節子妃を見た皇太子は、「学校で活発に育てられたのをやめては、せっかくの活発さを屈することになる」とかばった（『かざしの桜』一九〇〇年六月一九日条）。

ラブラブという現代風な表現は行き過ぎだろうが、二人の仲は決して悪くはなかった。

画期的な皇太子妃の授乳

近代家族としてのあり方は、皇太子夫妻の子育てにも見てとれる。二人の間には結婚の翌年（一九〇一年）、裕仁《ひろひと》親王（迪宮《みちのみや》、のち昭和天皇）が生まれ、〇二年には雍仁《やすひと》親王（淳宮《あつのみや》、のち秩父宮《ちちぶのみや》）、〇五年には宣仁《のぶひと》親王（光宮《てるのみや》、のち高松宮《たかまつのみや》）が生まれる。彼らは明治期、皇孫と呼ばれた。さらに、大正期の一九一五年には、崇仁《たかひと》親王（澄宮《すみのみや》、のち三笠宮《みかさのみや》）が生まれ、節子妃は四人の男の子をなす。

皇室を扱う書籍の多くは、四人の子供たちが、江戸時代の宮廷と同様に両親と引き離され、親の愛情を受けないで育った幼少期を強調する。たしかに、裕仁・雍仁の両親王は、生まれてまもなく元海軍大輔《たゆう》の川村純義《かわむらすみよし》に預けられ、家庭の外側で養育された。しかし、仔細《しさい》に検討すると、親子のつながりを重視する新しい考え方が導入されたことが見える。生まれて七〇日目から裕仁親王を預かった川村は、子育て方針を次のように述べた。

君主たるものは親子の愛情、兄弟の友情、みんな臣民の模範でなければならない。そうであるなら、御父たる皇太子殿下、御母たる妃殿下が、常に皇孫の御養育を監視し、御養育の任に当たる者も、常に両殿下の御側《おそば》近くで養育しようと努めれば、親子の愛情はいよいよ濃くなるであろう。

（『国民新聞』一九〇一年五月五日）

川村は、両親（皇太子夫妻）の近くで養育するよう努力し、親子の愛情を濃くすべきだと強調する。今後生まれる弟妹についても、裕仁親王と同じ屋根の下で養育し、兄弟愛を育《はぐく》むべきだと主張した。川村は、皇太子一家は「臣民の模範」であるべきだと考えた。

注目すべきは、裕仁親王が川村邸に移動するまで、節子妃による授乳が行われた事実である。節子妃は生後四日目に初めて母乳を与え、そののちも母乳と牛乳の混合哺乳《ほにゅう》が続けられた。授乳によって母親としての慈愛が深くなると侍医は考えた。過去に自ら授乳した皇后・皇太子妃は存在しない。彼女の授乳は画期的である。

これは、社会の動向とも一致する。当時、一般に広く読まれた博文館の『日用百科全書』にも「生母の乳を捨てて、乳母《うば》に託し、または、牛乳などをもって、その児《こ》を養育するは、天然自然の道に違《たが》うものなり」と明記される。当時の医学界は、子供への愛情のため母乳での養育を奨励した。皇室もまた時代のなかにあった。

皇太子の温かい家庭

江戸時代からの慣行である親子別居の枠組みを変えることはできなかった。しかし、家庭的な雰囲気をつくる努力は、注目されていい。裕仁・雍仁の両親王が預けられた川村邸は麻布区（現港区）飯倉狸穴《いいぐらまみあな》町にあった。皇太子夫妻が住む青山御所と直線で約二キロの距離にあり、時に互いに訪れ、親子の愛情を深めた。さらに、一九〇四年八月、川村が亡くなり、川村家は引き続きの養育を辞退する。そこで、両親王は「引戻《ひきもど》」されることが決まる。一九〇五年四月から青山御所に隣接する皇孫仮御殿で暮らし始めた。距離にして約四〇〇メートル。完全同居ではないが、近接空間で親子が過ごす形が取られた。皇室の歴史では画期的である。ベルツの日記は次のように書く。

いまでは東宮一家は、日本の歴史のうえで皇太子としては未曽有《みぞう》だが、西洋の意味で言う本当の幸福な家庭生活、すなわち、父と母と子供が一緒の生活を営んでいる。

（一九〇五年三月三一日条）

皇太子夫妻が「幸福な家庭生活」を送っているとベルツは見た。当時の生活について、当事者の雍仁親王（秩父宮）による回想がある。

両親とは同じ囲いの中に住んでいたから、より世間なみに近いものがあった。しかし隣り同士とはいえ、住居は離れていて、子供の足では五分以上はかかったろうし、両親には、それぞれ、いろいろのご用や約束もあり、また稽古《けいこ》もされていたから、僕らが暇だからとてぶらりと勝手な時にあそびに行くようなことは、あまりしなかった。まあ二週に三回くらい、といったところだったろう。（『皇族に生まれて』）

嘉仁皇太子は子煩悩であったと書かれることが多く、節子妃も子供を大切にした。これは、たまたま二人がそうであったわけではない。家庭こそ重要だと考え始められた時代の内部に二人がいたためである。

こうした皇太子一家のありようは、皇室に対する写真撮影規制があり、記事になっても、写真として報道されることはなかった。

ただし、一枚だけ例外がある。大正への代替わりの直後（一九一二年八月三一日）、『国民新聞』が掲載した親子の写真である。裕仁親王はしっかり父と手をつないでいる。皇太子の家庭が写真として視覚化された最初であった。

右から嘉仁皇太子，裕仁親王，雍仁親王，侍従　皇太子の家族が公になった初めての写真．沼津御用邸で，1904年

明治末の華族の結婚観

この節の最後に、明治末期の上流社会の結婚観を見るためにエピソードを紹介しよう。旧津藩（現三重県）藩主家（伯爵）の藤堂高紹《とうどうたかつぐ》は、一九〇八年、明治天皇の許可を得て、北白川宮武子《たけこ》女王（能久《よしひさ》親王の三女）と婚約する。ところが直後、英国留学中に現地女性と結婚していた事実が発覚し、華族懲戒委員会の議論の末、華族礼遇停止処分となった。

藤堂の不品行の調査が行き届かなかった宮内大臣田中光顕《たなかみつあき》に非難が及んだそのとき、六五歳の田中と一九歳の女性の結婚が判明する。田中が新橋芸者を囲った事実も報じられ、「好色田中宮相《きゅうしょう》」が問題となった。華族には「血統を清くする」ため、「婚姻取締内規」など自主規制があった。その華族を取り締まる立場の田中による地位に物を言わせた結婚に、批判が高まったのである（『東京二六新聞』一九〇八年一二月一三日、『東京朝日新聞』〇九年一月二〇日、二八日）。

華族は、国民の家庭の模範であった。華族の模範となるべき存在が天皇・皇族である。皇室は、藩屏《はんぺい》である華族からの視線も、一般の人びとからの視線も、無視できない。皇室こそ家族を律しなければならなかったのはそのためでもある。

3　嘉仁・節子夫妻と女官たち

一〇代の若い女官が七人

明治以降の女官には、典侍《てんじ》と掌侍《しょうじ》があり、側室となるのは基本的に若い権典侍《ごんのてんじ》であることは前章で述べた。典侍と掌侍の下には、命婦《みょうぶ》（および、副の地位である権命婦《ごんのみょうぶ》）があった。命婦の職務は、天皇皇后の直接の御用ではなく、上位女官のサポートという側面が強い。食事の配膳でも、さらに下位女官である女嬬《にょじゅ》から受け取り、格上の女官（典侍・掌侍）に渡すのが職務である。命婦・権命婦は華族ではなく、士族、それも神社の神職を継ぐ社家から出る例が多い。

嘉仁皇太子の結婚の二日前（一九〇〇〈明治三三〉年五月八日）、五人の東宮女官が任用された（結婚するまで独身の嘉仁皇太子の周囲に上級女官はいなかった）。万里小路幸子《までのこうじゆきこ》（六五歳）、吉見光子（四一歳）、正親町鍾子《おおぎまちあつこ》（三四歳）、生源寺《しょうげんじ》政子（四八歳）、富田算（二八歳）である。東宮女官には身分の区別はなかったが、万里小路が典侍、吉見、正親町が掌侍、生源寺、富

2-3　大正天皇即位直後の女官の体制（1913年）

典侍・権典侍

◎万里小路幸子（78歳）、○柳原愛子（55歳）、○千種任子（58歳）、○園祥子（46歳）、◎正親町鍾子（47歳）、◇清水谷英子（17歳）、◇千種梁子（16歳）

掌侍・権掌侍

◎吉見光子（54歳）、◎烏丸花子（19歳）、○穂穙英子（19歳）、◇土御門賀寿子（18歳）、◇高松千歳子（14歳）、◇東坊城敏子（14歳）

命婦・権命婦

◎生源寺政子（61歳）、◎富田算子（41歳、算から改名）、○大東登代子（38歳）、◎三善千代子（30歳）、◇西京子（29歳）、◇梨木止女（21歳）、◇石井幸子（年齢不明）

註記：◎は明治期に嘉仁皇太子夫妻のもとにいた女官、○は明治期に明治天皇夫妻に付き、代替わりに伴い転籍してきた女官、◇は新任の女官

田が命婦に相当した。ここに側室がいないのは確実である。側室ならば、若い女性を選ぶはずだ。富田が一番若いが、側室とはなり得ない命婦相当である。一九〇四年に三善《みよし》千代子（二一歳）が任用された。だが、三善も華族の娘ではなく、側室とはなり得ない命婦相当である。ベルツが書いたとおり、側室はいなかった。

一九一一年、烏丸花子《からすまるはなこ》（一七歳）が東宮女官に採用された。烏丸家は旧公家で、家格は名家であり、権典侍となり得る家の生まれである。さらに、明治天皇の逝去から一年が経った一九一三（大正二）年、新天皇夫妻の女官人事が発令され、新体制ができた。女官の陣容二〇人は2-3のとおりである。

注目すべきは、宮中入りしてまもなかった烏丸花子、穂穙英子《ほずみひでこ》はまだ一九歳、新任のうち清水谷《しみずだに》英子《はなこ》、千種梁子《ちぐさやなこ》、土御門賀寿子《つちみかどかずこ》、高松千歳子《ちよこ》、

東坊城敏子《ひがしぼうじょうときこ》も一〇代であったことだ。高松と東坊城に至ってはまだ一四歳である。一〇代前半での女官の宮中入りは明治前半までは珍しくはなかったが、近代社会化した大正日本では、人びとに奇異に映った。

飛び交う噂

原武史は、大正天皇の「女性に対する興味」（『皇后考』）によって、大正期の一夫一婦が危機にあったと主張する。天皇が女官と性的関係を持った噂は、実は、当時から存在した。問題は、なぜそうした風評が広がったのかである。

側室の存在がまず疑われたのは、烏丸花子の任官によってだ。烏丸が東宮職に入ったとき、『読売新聞』（一九一一年七月一〇日）は「容姿品性の優雅なる」ことが上流社会の評判だと報じた。若い美女の宮中入りが興味本位の視線で見られたのである。烏丸は六年間、宮中に勤め、一九一七年に退職した。退官の事実が新聞に載ったとき、作家の徳冨蘆花《とくとみろか》は次のように日記に記した。

初花の内侍《ないし》〔烏丸〕が宮中を出た、と新聞にある。お妾の一人であろう。〔中略〕お節《さだ》さん〔皇后〕の、いびり出しだ。
（『蘆花日記』一九一七年一二月三〇日条）

初花の内侍（烏丸）は大正天皇の「お妾」（側室）であり、貞明皇后（節子《さだこ》）によって宮中を追われたと、蘆花は疑う。しかし、蘆花は民間の作家であり、宮中の機密を知るわけではない。街場に流布した噂をもとに記したに過ぎない。

烏丸の退職理由が、侍従であった石山基陽《いしやまもとあき》（三二歳）との男女関係に起因することは、宮内省仕人《つこうど》が証言を残しており（『宮廷』）、新聞にも報道されている。実際は侍従との男女問題で宮中を退いた。

蘆花は、この二年前、貞明皇后が崇仁親王を産む直前、「皇后さんの出産と同じ月に、お妾の産が迫っている。それは、たぶん、華族の女で、灯火をすすめる女官なのだ。皇后さんの病中に、嘉仁先生、手をつけた。美人だそうだ。これは公然の秘密」とも記す（『蘆花日記』一九一五年一一月二五日条）。

当時の風聞にはさまざまなものがあり、一例に「三笠宮双子説」がある。崇仁親王が実は双子であり、同時に生まれた妹は、双子を嫌う宮中のしきたりから密かに民間に出されたとする噂である。戦後の一九八四（昭和五九）年になり、皇室ジャーナリストの河原敏明がこの風聞を再発掘して、書籍化した（『悲劇の皇女』）。河原は、三笠宮の双子の妹は、奈良円《えん》照寺《しょうじ》の尼、山本静山《やまもとじょうざん》であると主張した。蘆花が書いた側室出産説とは異なり、貞明皇后が双子を産んだとする説である。

当時、嘉仁・節子夫妻には一夫一婦の規範が期待された。蘆花が日記に「お妾の産」を記した直後、「今度こそ、一夫一婦を皇室で模範的に、と思っていたアテがはずれて、多少の失望を感ぜざるを得ない」と書くとおりである。こうした期待のなかで、一〇代の娘が多数勤務する女官のありようは、側室制を連想させた。一夫一婦への期待と、若い女官の大量採用というギャップが、噂を生みやすい構図をつくったのではないだろうか。

皇室の性的な都市伝説

社会学者の右田裕規は、大正期、皇室の家庭生活の亀裂や乱倫が語られる前提として、家庭という存在に社会的価値が見いだされるようになった時代背景があると指摘した。家庭が重要となり皇室がその模範となる建前の裏面で、模範であるはずの皇室こそ家庭の理想を逸脱しているのでは、と想像するアンダーグラウンドの語りが蔓延《まんえん》する。皇室の家庭団欒報道と、皇室に対する性的な噂がほぼ同時に発生するのは決して偶然ではないと、右田は指摘した（「皇室という「家庭」への眼差《まなざ》し」）。皇室に家庭が誕生したからこそ、そこに綻《ほころ》びを見ようとするのが人びとの心性であった。

余談となるが、私は一九九〇年代、宮内庁担当記者であった。そのときに皇室をめぐるさまざまな噂の真偽を確認しようとする人としばしば出会った。「皇太子（徳仁《なるひと》親王、現天皇）が美智子さまの子供ではないという話は本当か」と、幾度となく問われたし、実在の女優の名を挙げて「皇太子の実の親と聞いた」と声を潜めて真偽をたしかめようとする人もいた。

マスメディアが皇室の家庭円満を強調すればするほど、逆に皇室の性に関する都市伝説が生まれる。この構造は、時代が変われど変化がない。つい最近まで口コミで伝わった地下情報は、インターネットの登場によって、いまは簡単にアクセスできる相違はあるが……。

華族女性の学歴上昇と女官

ただ、側室制を彷彿《ほうふつ》とさせる若い女官の大量採用をなぜ行ったのかという疑問は残る。一夫一婦を目指すならば、女官制度を改革すべきだった。おそらく、旧慣保存、すなわち伝統維持の意識が強かったからであろう。積極的に保存したというより、女官の身分秩序を変革できる宮中実力者が不在だった事情もある。

宮内省の仕人だった小川金男は、大正期の女官について「家柄こそ重んぜられたが、女官はみな女学校を卒業してから入ってきた人達で、また皇后のお控えという意味も全く失われた。ここに〔明治期との〕根本的な相違があるわけで、別な面からいえば、大正になって初めて皇室の御夫婦関係が近代化された」と評価する（『宮廷』）。

実際、清水谷英子は山脇《やまわき》高等女学校、千種梁子は東京府立第一高等女学校、烏丸花子、土御門賀寿子は学習院女学部を経て、女官になった（『華族大鑑』など）。華族社会全体で見ても、娘は高等女学校で学ぶようになり、さらに上級の学校に進む者も多くなる。学歴は身分制を崩壊させる大きな要因となった。

一〇代から宮中入りして天皇皇后の側に仕える旧来の女官システムそのものが、制度疲労を起こしていた。この時期、宮中にあえて娘を出した旧公家には、経済的に困窮した家が多い。親が亡くなり、持てあました妹（公家社会では「厄介《やっかい》」と呼ばれた）を女官に送り込んだ兄もいた。裏を返せば、宮中は、学歴を持った大事な娘を仕えさせる場所ではなくなった。身分が家格で決まる女官制度は、もはやそのままの形での存続は難しかった。

大正以降の女官は、社会から奇異な存在として見られた。烏丸花子の恋愛はすでに述べたが、権掌侍土御門賀寿子による恋愛事件もある。土御門は、二九歳であった一九二四（大正一三）年、宮内省大膳寮《だいぜんりょう》に勤務する五歳年下の木村英吉《きむらえいきち》との恋愛・結婚のため宮内省を退職した。土御門は華族（旧公家）出身だが、木村は平民である。身分違いのこの結婚は新聞の社会面を賑《にぎ》わし、婦人誌は土御門を「恋の勝利者」と書き立てた（『婦人倶楽部《クラブ》』一九二六年一月号など）。

白蓮事件

大正期、社会の大衆化が一気に進む。近代家族化の流れは止められなくなり、夫婦は、男女の意思による結び付きであるべきだと考えられるようになった。女官の恋愛がメディアを騒がすのは、従来の結婚観が変化し、恋愛感情こそが夫婦の基盤であると考えられるようになるためだ。

一九二一年、福岡の炭鉱王である伊藤伝右衛門《いとうでんえもん》の妻で、歌人として知られる柳原白蓮《やなぎわらびゃくれん》の駆け落ちが新聞でセンセーショナルに報じられた。白蓮は大正天皇の生母柳原愛子《なるこ》の姪《めい》であり、大正天皇から見ると従妹《いとこ》に当たる。白蓮事件は、皇室の縁者が起こした不倫事件であった。不倫とは明治後期以降、一夫一婦の倫理の確立とともに一般化する新しい概念である。

現代的な意味から懸け離れるが、明治期・大正期の皇室にとって、恋とは一義的には、パートナーをひとりに絞ること、すなわち一夫一婦の近代的夫婦を目指すことである。その意味で明治天皇・大正天皇の両夫妻は恋をしていた。とくに、大正天皇と貞明皇后は、実質的にも一夫一婦の近代的夫婦であり、近代家族を目指したカップルであった。

第3章　恋愛の時代の妃選考——大正期〜昭和初期

大正期から昭和初期は恋愛の時代であった。

恋愛至上主義のバイブルとされる厨川白村《くりやがわはくそん》（辰夫《たつお》）の『近代の恋愛観』がベストセラーとなったのは一九二二（大正一一）年だ。「当人の意志も尋ねず、ただ双方の親の意見のままに、見知らぬ二人の男女を夫婦という名に結びつけることは、私共《わたくしども》若い女には忍びがたい屈辱です」「結婚は相愛《あいあい》する二つの魂の完全な結合でなければならないと思います。愛のない結婚ほど悲惨なものはございますまい」（『主婦之友』一九二〇年一月号）と恋愛を賛美する読者投稿が婦人誌に掲載されるようになる。結婚は、家のためでなく、愛情から入るべきだとの主張が、毎月のように婦人誌を飾った。大正デモクラシーの解放感と相まって、恋愛への欲求が一挙に噴出する。

社会の恋愛志向の高まりのなかで、皇室の結婚に恋愛を見る傾向はさらに進む。この章では、大正天皇の皇子である、裕仁《ひろひと》皇太子（昭和天皇）、雍仁《やすひと》親王（秩父宮）、宣仁《のぶひと》親王（高松宮）の婚約・結婚の経緯から、皇室の恋愛がどのように受け入れられたのかを見ていきたい。

1　裕仁・良子カップルと宮中某重大事件

現代とは異なる恋愛

第一次世界大戦前後から日本の産業化は急速に進展した。就職や就学のために、故郷を離れ、都会に出る人が増加する。都市化によって、従来の大家族とは異なる核家族が量的に拡大する。家制度は徐々にだが崩れ始め、団欒を重視する近代家族的な価値観が広まっていく。近代家族の担い手は、都市の新中間層であった。会社員・官僚・軍人のようなサラリーマンと考えていい。彼らは、都市で新しい生活（俸給生活）を営む。新中間層が中心となる大衆社会が本格登場する。

大衆社会では、大衆こそが社会の風潮や思潮をリードする。新聞・出版産業が成熟しラジオも登場する。マスメディアでは、男女の恋愛、愛情ある家庭、子供に注ぐ情熱などが称賛されていく。

ただし、この時代の恋愛という言葉は、現代的な使用法と意味内容を異にすることに注意する必要がある。自由なパートナー選択とそれに付随する親密な男女交際を意味するわけではない。

では、当時の恋愛とは何か。重要なのは、本人の意思であった。社会学者デビッド・ノッターは、大正期、配偶者選択で当人の意思が少しでも尊重されると「恋愛結婚」と呼ばれたと指摘する（『純潔の近代』）。結婚後に夫婦間の愛情が生まれることも重要であった。たとえ、お互いがよく知らずに結婚しても、入籍後に次第に愛が育まれると、「愛の生活」と呼ばれた。

しかし、恋愛が行き着く究極は、柳原白蓮のような自由結婚である。それは、社会秩序と摩擦を起こす。そこで恋愛を統制するために、新しい恋愛観・結婚観が構築される必要があった。男女の意思は尊重しながら、他方で、衝動的な感情は否定される必要が生まれる。

3-1　昭和天皇・弟宮とその配偶者

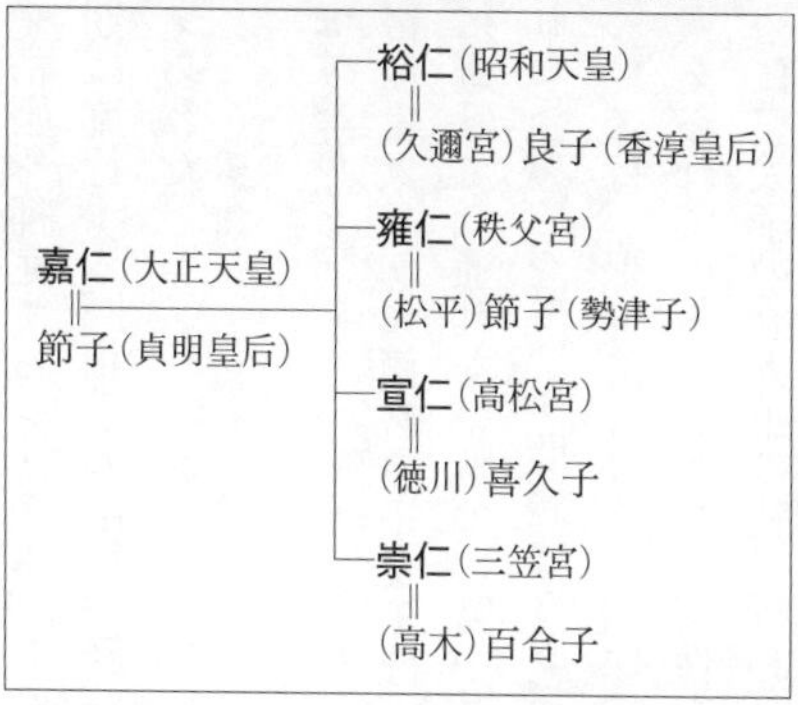

社会学者の桶川泰は、大正期から昭和初期にかけて、見合い結婚こそ理想的な男女の結び付きと考えられるようになる変化を明らかにした（「大正期・昭和初期における『婦人公論』『主婦之友』の恋愛言説」）。現代的な感覚では、見合いと恋愛は対立する概念である。見合い結婚では、親が出会いをアレンジする。だが、当人たちの意思を無視する因習的な結婚でないことは重要である。当人たちは拒否権を持ち、決断は当人たちが下す。

見合いは恋愛結婚と対立する概念ではない。むしろ、恋愛結婚を補完するシステム、恋愛を統制しながら、一方でそれを促進する制度としてこの時期に流行する。相手の階層や経済状況・健康状態が吟味できる見合い結婚は、理想の形と考えられた。

まず皇族から

裕仁皇太子と久邇宮良子《くにのみやながこ》女王は一九二四（大正一三）年に結婚した。二人の婚約を語るときに避けては通れないものに宮中某重大事件がある。良子女王の色覚障碍《しょうがい》（当時は色盲と呼ばれた）遺伝の疑いが問題となり、元老の山県有朋が婚約破棄を主張した事件だ。この事件については、保守的な長老政治家である山県が、皇室の血統の神聖性を守ろうとした出来事と考えられている。しかし、事件を大衆社会化の波のなかに置くと、別の姿も見えてくる。

裕仁皇太子の立太子の礼が行われた一九一六年から、皇太子妃選びは注目される。一部新聞は一一月三日の立太子の礼当日前後に、一条朝子《いちじょうときこ》が皇太子妃となるとの観測を報じた（たとえば『河北《かほく》新報』一一月四日、『内務省新聞記事差止資料集成』一巻所収）。五摂家である一条家の長女である。これは、四代連続で五摂家出身の正配が出た前例からの類推に過ぎない。

皇太子の妃選考順序は「まず皇族から」と、同等性の内側から選ぶ方法に変化していた。五摂家より宮家の娘が優先されたはずであり、一条朝子が第一候補だったとは考えられない。裕仁皇太子（昭和天皇）は後年、「〔私の結婚は〕きまって居《お》った様なもの」（『拝謁記』一、一九五〇年一月六日条）と述べているから、良子女王がかなり以前から有力候補だったのだろう。

多産系の良子女王

宮内庁宮内公文書館に残る「皇太子裕仁親王御婚儀の件」（以下、「御婚儀書類」）によると、一九一七年一二月二二日、山県のほか、松方正義、西園寺公望の三人の元老が会談し、各種調査の報告を受けて、良子女王が選ばれた事情がわかる。良子女王は学習院女学部中学科三年、一四歳であった。

前代（九条節子《さだこ》）の選定と同様、多産系であるかどうかは重要だったろう。良子女王の母俔子《ちかこ》は六人の子供を産んでいる（3－2）。父方の祖母泉亭萬喜子《いずみていまきこ》は六人、母方の祖母山崎寿満《すま》は一二人を産んだ。多産を保証するように、体格についてさまざまなデータが残されている。そのひとつが、「御婚儀書類」にある拝診書（一九一七年一一月付）だ。最終段階で、医師が良子女王の健康をチェックした。体格の記録を見ると、身長はちょうど五尺（約一五一・五センチ）、体重は一〇貫三五〇匁《もんめ》（約三九キロ）であった。良子女王の体格は、一四歳女子の身長体重の全国平均と学習院女学部平均を上回った。

しかし、体重が四〇キロを割る「痩《や》せ」が懸念材料となる。のち一九歳になったとき、宮内省帝室会計審査局長の倉富勇三郎《くらとみゆうざぶろう》は「良子女王の体重は一一貫目〔約四一キロ〕前後にて、

3-2　久邇宮良子をめぐる略系図

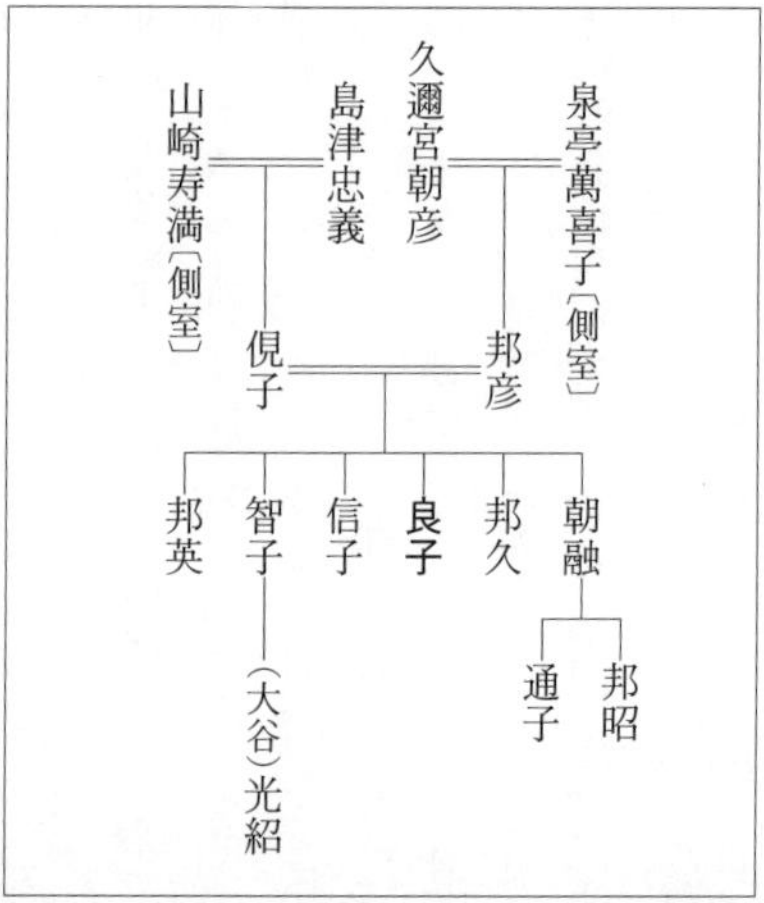

ややもすれば一一貫目以下になるとのことなり」と懸念した（『倉富日記』一九二二年一〇月二八日条）。これは、同年齢女性の全国平均（約四七キロ）を下回る。当時、身長は一五六センチを超えており、かなりのスリム体形である。体重が多産の象徴であり、だからこそ倉富は「痩せ」を懸念していた。なお、少女時代の良子女王について、ぽっちゃり体形だったと書く伝記があるが、後年の容姿からの誤った類推である。

視力検査での「発見」

一九一八年一月、良子女王に皇太子妃「御予定の御沙汰《ごさた》」が下った。

もともと、良子女王の父久邇宮邦彦《くによし》王には懸念があった。良子女王の兄朝融《あさあきら》王の色覚障碍の問題である。母親である俔子は、薩摩《さつま》の島津本家出身であり、俔子の実母は、島津忠義《ただよし》の側室山崎寿満であった。寿満に色覚障碍の遺伝因子保有の疑いがあったのだ。このため、邦彦王は、宮家担当の医師角田隆《つのだたかし》（京都府立医専教諭）に調査させた。角田は「問題なし」

の結論を出した。

宮中某重大事件は、一九二〇年四、五月ごろ、学習院の視力検査を担当した陸軍軍医学校教官（眼科医）の草間要《くさまかなめ》が、良子女王の兄朝融王だけでなく、弟邦英《くにひで》王、さらに学習院に在籍した良子女王の従兄《いとこ》三人に色覚障碍を見付けたことが発端となる。草間は、彼らに共通する祖母寿満が遺伝の原因だと突き止めた。良子女王自身は色覚障碍ではないが、もし遺伝的保因者であれば、天皇の直系子孫に遺伝する可能性を発見したのである。

これが山県の耳に入った。山県は学問上の根拠を明確にするため、宮内大臣に調査を命じ、宮内省御用掛《ごようがかり》の保利真直《ほりまさなお》（眼科医）が中心となった意見書（一一月一一日付）を提出させた。そのなかで、もし結婚が遂行された場合、裕仁皇太子と良子女王の間にできた男子が色覚障碍となる可能性が指摘される。結論が出た以上、山県は、久邇宮家から辞退の申し出があるのは当然と考え、婚約辞退を待った。

しかし、久邇宮は簡単には従わなかった。貞明皇后に「辞退するつもりはない」と宣言する書簡を送りつけた（一一月二八日）。久邇宮は次の趣旨を書く。皇室のことは、敬虔《けいけん》の念をもって国民の耳目を集めている。天皇が一度決定したと伝えられる結婚を変更したら、民間の物議を醸すことは確実である――（以上の経緯は「申酉回瀾録《しんゆうかいらんろく》」「宮中某重大事件」）。

遺伝学的検討と優生思想

良子女王の色覚障碍の問題を遺伝学から考えると以下のようになる。男性と女性は、X染色体とY染色体の組み合わせから決まり、XYが男性、XXが女性となる。色覚障碍の遺伝子は、X染色体上にある。障碍遺伝子を持ったX染色体をX′とする。男性の場合、染色体X′を持つだけで色覚障碍となる（X′Y）。一方、女性の場合、因子が二つそろわないと色覚障碍とならない（潜性）。つまりX′X′は色覚障碍となるが、XX′の女性の見え方は健常である。ただ、XX′であっても、障碍遺伝子を持つため、保因者と呼ばれる。

良子女王は、兄弟や従兄の状況から、色覚障碍の保因者XX′である可能性があった。仮に良子女王が保因者であった場合、裕仁皇太子XYとの間に男子ができたらどうなるか。良子女王の健常の染色体Xと裕仁皇太子のY染色体が結び付けば、色覚は健常XYの男子となる。しかし、良子女王のX′の染色体と、裕仁皇太子のY染色体が結び付くと、色覚障碍X′Yの男子となる。この場合、色覚障碍の男子が生まれる可能性は五〇%である（3-3）。ただ、そもそも良子女王が保因者XX′である確率自体五〇%であり、XXである可能性もあった。つまり、二人の間に生まれた男子が色覚障碍となるのは、五〇%と五〇%を掛け合わせた二五%であった。

こうした遺伝メカニズムは、大正時代になって科学的に説明できるようになっていた。陸海軍で色覚障碍が問題となり、「色盲検査表」が徴兵検査で使用されるのも大正中期からである。色覚障碍が社会問題として構築されつつある時代に起きたのが、宮中某重大事件であった。

元老の山県にとって、将来の天皇が色覚障碍となる可能性がたとえ二五%であったとしても、「良子妃」は容認できなかった。皇室には、いかなる不純な遺伝子も受け入れられないとする主張である。

山県のような婚約破棄の立場を純血論と呼ぶ。天皇の血統は神聖であるべきだとの考え方である。保守派の山県が唱えた点で、前近代的な思考の発露だと一般には考えられている。

3-3　男子への「色覚障碍」の遺伝

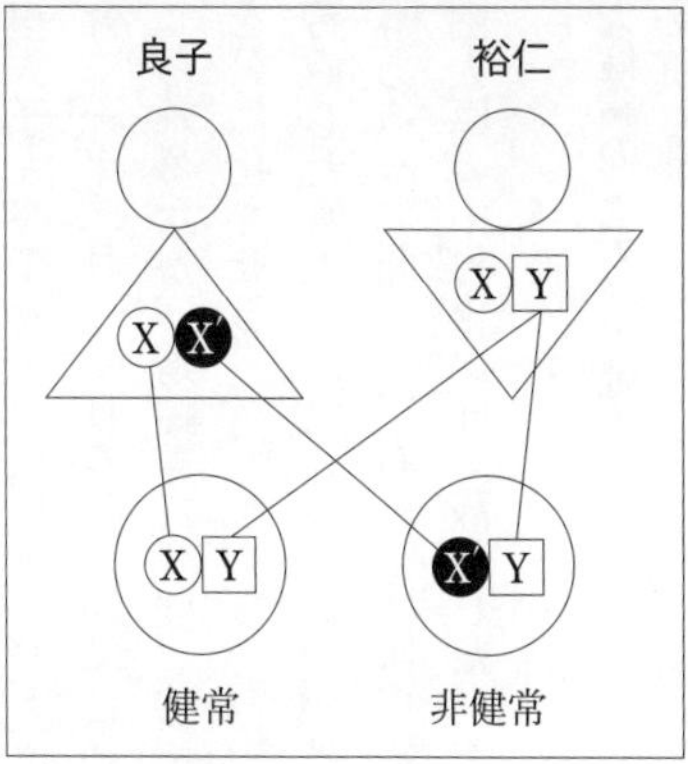

註記：良子が保因者の場合

しかし、科学的に見れば、近代的な優生思想の現れである。この時期、「「悪い」遺伝をもつ相手との結婚を避けて遺伝的に「問題のない」相手あるいは「よい」遺伝をもつ相手と結婚すること、すなわち《優生結婚》をすることの必要性」が認識されるようになった（「《優生結婚》という思想」）。事件は、優生の必要性が認識される時代の内部にあった。

結果的に山県の主張は、婚約遂行派によって妨げられる。婚約遂行運動の中心となったのは、裕仁皇太子と良子女王に倫理学を教えていた杉浦重剛《すぎうらじゅうごう》である。杉浦の周辺に集まった人物は、一九二一年二月一一日の紀元節に合わせ、婚約祈願の大規模集会を計画した。事件の報道が禁じられるなか、婚約遂行派は、真相を記したビラ（怪文書）を大量に頒布するなどして問題を公然化させる。

苦慮した宮内省は二月一〇日、「良子女王殿下、東宮《とうぐう》妃御内定のことに関し、世上、種々の噂あるやに聞くも、右決定は何ら変更なし」と発表し、問題の鎮静化を図った。合わせて、宮内大臣の中村雄次郎《なかむらゆうじろう》が辞職した。

人倫論のメディア戦略

婚約遂行派の主張、つまり、山県の純血論に対峙《たいじ》する立場は人倫論と呼ばれる。杉浦は、日本では、仁愛、すなわち他人に対する親愛の情に基づく仁政が行われるべきだと考えた。皇室こそ、その中心なのに、婚約内定破棄の不仁が行われるのは、おかしいとの論理である。皇室が仁（思いやり、いつくしみ）を示せないならば、どうして国民の範となれるだろうか、と考えるのが杉浦の中核思想であった。

杉浦の主張は、儒教的価値観に基礎を置き、やはり旧時代的な香りがする。しかし、杉浦の新しさは、世論を巻き込もうとした点にある。杉浦と周辺は、メディアを通じた世論への訴え掛けを重視した。具体的には、東京で発行される英文誌 ***The Far East***（一九二一年一月二二日号）に良子女王に関する記事を書かせるなど策動した。『東京毎日新聞』（一九二〇年一二月一三日）や『読売新聞』（二一年一月二六日）も杉浦が皇室の教育担当を辞任すると報じ、宮中にただならぬ事態が起こりつつあると仄《ほの》めかす。杉浦周辺からの情報漏洩《ろうえい》であろう。

これらの報道は、色覚障碍の問題を具体的に伝えたわけではない。内務省は、厳しく情報を統制した。宮中某重大事件の呼び方も、当時のメディアが真相をぼやかすために使用した用語である。しかし、怪文書とそれに基づく噂として、問題は公然の秘密となっていた。

『読売新聞』（一九二一年六月六日）は、色覚障碍検査の紹介の記事に、「色盲という言葉はだいぶ、やかましくなってきた。ことに宮中某重大事件が起こって以来、色盲についての説が朝野でも、なぜかしら、重大問題のように論議されるようになってきた」と筆を滑らす。多くの人びとは、良子女王の色覚障碍問題を知っていた。

裕仁へのプレゼント

人倫派の戦略に乗じて、久邇宮家も事態を有利に動かそうと、メディアを盛んに利用した。裕仁皇太子を健気《けなげ》に慕い続ける良子女王、とのイメージを発信する。

事件発覚と同時に進んでいたのは、裕仁皇太子の欧州訪問準備であった。裕仁皇太子は「決定は何ら変更なし」の発表から一ヵ月後の一九二一年三月三日、欧州に向けて出発した。その直前の『東京朝日新聞』（二月二四日夕刊）は、良子女王は出発前、裕仁皇太子と面会し、別れの品を贈ると報じる。実際、久邇宮家は、裕仁皇太子へのカフスボタンのプレゼントを検討した（『倉富日記』二月二五日条）。旅行中も、世界地図を見ながら、皇太子がどこにいるのか確認する良子女王の様子を各紙に報じさせた。

一九二一年は、皇室報道の歴史から見ると画期の年である。裕仁皇太子の欧州訪問が活動写真（記録映画）として撮影され、海路、日本に輸送されたフィルムが各地で上映され、大きな人気を博す。数万人が集まる屋外上映もあり、空前の皇太子ブームが起きる。このなかで皇室取材の規制は大幅に緩和される。たとえば、それまでは、天皇や皇太子が歩く姿は撮影が禁じられていた。しかし、欧州訪問の最中になし崩し的に解禁され、内務省も八月二三日、外出のほぼすべての場面で撮影を許すと正式に決めた。皇室の開放政策である。

こうした変化は、大衆社会化という時代への対応だ。革命や敗戦で、ロシア・ドイツ・オーストリアの王室が消えた。その轍《てつ》を踏まないように、皇室と国民の近しさを演出するための政策転換である。

良子女王の肌着が描かれる

こうした時代、良子女王についてもっとも強い印象を残した図像は、一九二二年六月一〇日、千葉県幕張《まくはり》海岸に潮干狩りに出掛けたときのイメージである。着物を膝下《ひざした》までまくり上げる姿が印象的であった。裾《すそ》にはチラリと肌着（裾よけ）まで描かれる。旧時代の価値観を持つ人から「はしたない格好で……」と白い目で見られかねない絵柄であろう。しかし、一般の人びととの変わらなさ（平民性）によって、良子人気も高まった。

『読売新聞』（一九二四年六月二日）は、皇太子夫妻に似せた夫婦を「あやかり結婚」としてパロディー漫画にした。キャプションには、「やんごとなき方の御成婚にあやかりたいと、只野平吉と君野民子はめでたく御結婚。御両方すこぶる御仲睦《むつ》まじくあらせられ、いつも御同列で銀ブラへと、お拾《ひろ》い〔散歩〕遊ばさる」とある。戦前の皇室報道は規制が強かったと考えられているが、実際は、かなり自由な表現が容認されていた。恋愛生活への理想が、皇室カップルの睦まじさと同列に描かれた点がポイントだ。登場人物の平吉と民子の頭文字を合わせると「平民」になる。裕仁・良子は、平民の恋愛生活の理想であった。

結婚の半年後（一九二四年八月）、裕仁・良子の新婚カップルは、避暑のため福島県猪苗代《いなわしろ》湖畔の高松宮別邸で夏を過ごす。桟橋まで歩く二人は、角度によっては手をつないでいるかのように見えた。皇太子夫妻に、人びとがロマンスを見ようとしたことは明らかだ。

裕仁皇太子が結婚前、自室に良子女王の写真を飾ったと宮内大臣牧野伸顕《まきのぶあき》の日記（一九二二年五月一六日条）に出てくる。結婚は、裕仁皇太子の意思でもあった。

ところで、裕仁皇太子（昭和天皇）と良子妃（香淳《こうじゅん》皇后）には二人の男子ができた（明仁《あきひと》皇太子〈継宮《つぐのみや》、現上皇〉と正仁《まさひと》親王〈義宮《よしのみや》、現常陸宮《ひたちのみや》〉）。二人への色覚障碍の遺伝について昭和天皇はのちに「東宮〔明仁皇太子〕、義宮も初等科入学以来随分注意してるが何事もない」

裕仁皇太子と良子妃のパロディー漫画「あやかり結婚」（『読売新聞』1924年 6 月 2 日）

潮干狩りをする久邇宮良子女王を描いた絵葉書

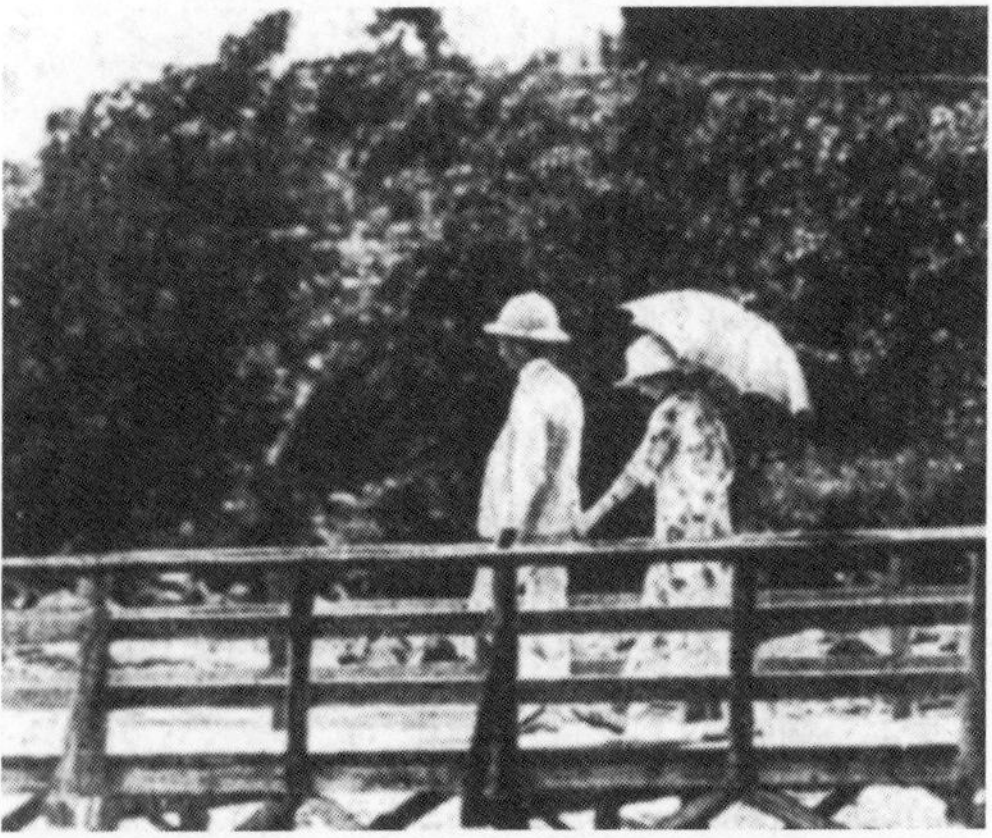

手をつないで歩いているようにも見える新婚の裕仁皇太子と良子妃　猪苗代湖畔で（『東京日日新聞』1924年 8 月10日夕刊）

と話している（『拝謁記』一、一九四九年二月四日条）。現在の天皇や秋篠宮家には遺伝していないと考えられる。

2　秩父宮と松平節子の恋愛

閑院宮華子の「問題」

裕仁皇太子と久邇宮良子女王の結婚で、恋愛という言葉が明示的に用いられた例は、管見の限りない。これが大きく変化し、皇族の結婚にロマンスが明示的に読み込まれるのは、四年後の弟秩父宮雍仁《やすひと》親王の結婚である。以下、松平節子《まつだいらせつこ》との結婚の経緯をたどりながら、二人の恋愛がどのように描かれたのかを見ていく。

秩父宮の妃選びは、一九二四（大正一三）年ごろから本格的検討が開始された。八月一八日、宮内大臣の牧野伸顕は貞明皇后と会い、「閑院姫宮《かんいんのひめみや》」の話をした（『牧野日記』）。宮家のひとつ閑院宮家の華子《はなこ》女王（一五歳）である。華子女王は、「容姿も宜《よろ》しく、智徳ともに備わっている」（『倉富日記』九月五日条）ため、秩父宮の妃候補として宮中で話題になった。「同等性の原則」に沿い、同心円の内側からという妃選考順序に従った候補だと言える。

ただ、貞明皇后は、「多少条件を緩和しては」と述べた（『牧野日記』八月一八日条）。これに対し、牧野は、秩父宮は皇位継承順第二位であり、「軽々には変更しがたい」と通婚制限の緩和に難色を示した。

閑院宮華子女王には問題があった。それは、祖父の三条実美《さんじょうさねとみ》が関係する。征韓論争当時（一八七三〈明治六〉年）の三条の精神不安定が遺伝していないかという問題である。三条は征韓派と内地派の政争を前に突如倒れて病気となり、当時の為政者の間では「発狂」と受け止められていた。精神疾患は遺伝する病気であると考えられ、皇統への影響は避けるべきだと認識された。これが、華子女王の「問題」であった。

このほか、伏見宮敦子《あつこ》・知子《ともこ》の両女王の双子姉妹も、宮家が候補として挙げたが、双子のどちらを妃とするかが難しいなどの問題があった（『倉富日記』一九二四年九月五日条）。

「平民」候補の登場

選考の最中、『東京日日新聞』（一九二四年八月九日）は、従来、皇子の妃は、皇族と五摂家に限られたが、子爵まで範囲を広げて姫君を選ぶと報じた。牧野が皇后に対し、通婚制限緩和は難しいと述べる直前であるため、記事が宮内省の正式方針を報じたとは思えない。ただ、宮内省内に制限緩和の考えが存在したことがわかる。前章で見たとおり、明治典範成立以降、皇族妃は原則的に侯爵家以上から選ばれていた。これを子爵家まで拡大するというのだ。実際、通婚制限は、新聞報道のとおり子爵家まで緩和されていく。

宮内省が視野に入れたのが松平節子（一五歳）である。彼女の祖父は、最後の会津藩主である松平容保《かたもり》、父親は外交官の松平恒雄《つねお》。松平家の家格は子爵であった。

恒雄は一九二五年二月、ちょうど駐米大使としてワシントンDCに赴任する直前であった。妻の松平信子《のぶこ》（佐賀鍋島家出身）はフランス語の語学力を買われ、長らく貞明皇后の御用掛を務めていた。その関係から、赴任前挨拶《あいさつ》のため宮中を訪れた（一月二〇日）。貞明皇后はこのとき、松平信子の娘節子も同行させ、挨拶の場に秩父宮を同席させた（「貞明皇后実録稿本」一四五）。貞明皇后は、事実上の「お見合い」をセッティングしたのである。

二日後、貞明皇后は牧野と面会した。皇后は「実はそれほど急ぐこともないと考えていたが、いろいろ聞き込んだこともあり、気づかわれるため、内定だけは早くしたいと最近思い付き、このような急速の運びとなった」と、「お見合い」の理由を説明した（『牧野日記』一月二二日条）。この会話から、「節子妃」という構想は、貞明皇后が主導したとわかる。皇后は松平信子に大きな信頼を置いていた。そのため信子の娘を次男の妻にと考えたわけだ。

同じ日、牧野は裕仁皇太子とも面会した。裕仁皇太子は、「身分が懸隔していると、（皇室入りした）当人がよほど難儀するのではないか」と、「節子妃」に慎重意見を述べている（『牧野日記』同前）。これに対して、牧野は「ごもっとものことですが、これは本人の性質や才能などによることで、身分だけの関係ではありません。なおかつ、人選難が一通りではない事情があります」と答えた。前年は従前の通婚制限原則を墨守する考えを示した牧野が、このときは原則緩和へと方針転換している。

繰り返すが、会津松平家は華族の序列では上位ではない子爵家である。しかも、恒雄は長男ではなく、松平家の家督を継いでいない。分家して一家を立てたため、戸籍上は平民であり、節子も平民籍にあった。皇室の平民化が求められる時代への対応のため、通婚制限が緩和されたと考えることができる。

裕仁皇太子は、実は、「平民妃」には慎重であったことは、のちの正田美智子選定でも同様である。彼は同等性の緩和には慎重であった。

父の愛妾問題

この直後、「節子妃」構想は、大きな問題に突き当たる。牧野は一九二五年一月下旬、会津出身の枢密顧問官山川健次郎《やまかわけんじろう》や、鍋島家関係者から信頼すべき情報を得た。牧野は「その事実によれば、問題の中止を決するほかない」と記した（『牧野日記』一月二三日条）。父松平恒雄の女性問題であったと考えられる。恒雄は、同じ外交官であった故稲垣満次郎《いながきまんじろう》の未亡人と関係を持ったとされる（「倉富日記」一九二七年八月二九日条）。この未亡人は稲垣がタイ公使時代、美貌の公使夫人と呼ばれた女性だった。愛妾《あいしょう》問題である。

問題が発覚すると、牧野は、華子女王の再検討も進めた。皇族の診断に当たった東京帝大医学部名誉教授の医師三浦謹之助《みうらきんのすけ》らに、三条実美の病気について検討させている。三浦は、病気は平衡失調によるもので、遺伝的な精神疾患ではないと結論付けた（『牧野日記』一九二五年三月一九日条)。

同じころ、華子女王が秩父宮妃に「ほぼ内定」したとする記事が『時事新報』(一九二五年三月一五日)に掲載される。そこには、口外できない事情のため発表が遅れていると、三条実美の問題が仄めかされた。

華子よりも節子を

『時事新報』報道と同じ日、沼津御用邸滞在中の貞明皇后はたまたま秩父宮と会った。秩父宮との会話について、皇后は牧野に次のように語っている。

秩父宮は、閑院宮華子の新聞記事を見て、「宮内省官吏が運動している」との言葉を使って、頗《すこぶ》る不満な様子だった。結局、適当な人がない場合は、宮家の方〔閑院宮華子女王〕に決まることもやむを得ないとの感想を〔皇后が〕漏らしたところ、〔秩父宮は〕強硬に反対で、なかなか気分が緩和しない。相変わらず、従前のとおりの態度で、無理に勧めると、前途が治まり円満に行くということには到底ならなさそうだった。〔皇后から〕松平〔節子〕の話をしたところ、意外に受けがよく、〔節子の〕写真も〔秩父宮の手許に〕留め置きになっている。〔牧野が節子の欠点を指摘したことに対し〕完全の人は得がたく、今後の教育の仕方、責任の自覚で改まるものと信じる。〔中略〕丈《たけ》〔身長〕の低きことは我慢を願うほかは仕方がない。

（『牧野日記』一九二五年三月二一日条）

宮内省幹部たちが華子女王を無理に押し付けようとしていると、秩父宮は反発した。皇族の娘との縁談という古い発想は受け入れられないとの態度である。一方、一度会っただけだが、松平節子をかなり気に入り、写真を手許に留《とど》めていた。

こうした秩父宮の意向を受けたのだろうか。山川健次郎は三月二八日、松平節子と面会した。すでに両親は渡米し、節子は三学期が終わるまでお付きの者と東京に残っていた。一五歳の少女と、高齢の枢密顧問官が打ち解けて話せるはずもなく、山川は「性質などを伺える会話はできなかった」と牧野に報告する。ただ、「品は悪くなく、容貌《ようぼう》は並以上、色白く、穏和な性質と見受けられる。もっとも身長は父親に似て低く、お下げの髪のせいか、いかにも子供っぽく見えた」と付け加えた（『牧野日記』三月二九日条）。

他方、閑院宮家では、華子女王と伏見宮家の三男博信《ひろのぶ》王との縁談を進め、婚約が新聞に発表される（『読売新聞』四月一四日）。急転直下の展開である。博信王と華子女王は結婚して臣籍降下し、華頂《かちょう》家を立てた。

結婚相手が決まらないなか、秩父宮は五月二四日、英国留学への出発の日を迎える。出発前に妃内定を目指す宮内省の目論見《もくろみ》は潰《つい》える。留学は二年間の予定であった。

出発前、縁談が進まず、渡英日程が決まらない事態に、秩父宮は焦りを感じた。「〔結婚相手は」渡英後に決定しても差し支えないのではないか」と牧野を詰問する。これに対し牧野は、「人間は初対面で感情の好悪があるものなのだから、一回もお会いなく、書面・写真などで決めるのは大臣として御勧《おすす》めはできません」と返答した（『牧野日記』二月一三日条）。結婚は、実際の相性が大事であるという価値観を、幕末生まれの牧野も共有していた。牧野がリベラルな思想の持ち主である以上に、大正期の結婚観を反映した発言と考えるべきであろう。

血縁者の八百屋経営

日本出発から一年半が過ぎた一九二六年一二月、大正天皇の危篤の報を受けた秩父宮はロンドンを出発し、米国経由で帰国の途に就いた。米国に到着した秩父宮はワシントンＤＣに立ち寄り、在米日本大使館公邸に宿泊した（一二月二九日）。大使は松平恒雄であり、娘の節子も同地に滞在中である。秩父宮と節子の二回目の邂逅《かいこう》であった。事前に計画されたとは考えられないが、ともかく二人は再会する。

秩父宮の帰国後、宮内省は再び、節子を妃候補として検討し始める。ところが、今度は別の問題が発覚する。松平恒雄の従妹《いとこ》が、小さな八百屋を営んでいた問題である。八百屋は、神田にあった「三兼」で、関東大震災後、バラック小屋（仮設）で営業し、間口・奥行きともに二間《にけん》（約三・六メートル）の小さな店であった（「倉富日記」一九二七年五月二一日条）。皇族妃の血縁者として、小さい八百屋では体裁が悪いということなのだろう。

松平恒雄が、側室（川村名賀《かわむらなが》）の子であることも問題とされた。松平は一八七七（明治一〇）年、一夫一婦規範が一般化する以前の時代の生まれだ。明治前期の旧会津藩主の側室のあり方に、大正から昭和期の価値観が遡及《そきゅう》し、批判されるのは奇妙であるが、一夫一婦規範が定着したからこその現象である。これを聞いた貞明皇后（当時は節子皇太后）は、「妾だからといって、さほど嫌うには及ばない。自分も妾腹の子である」と語った（「倉富日記」一九二七年七月一六日条）。

松平家の辞退

このなかで、「松平節子妃」に反対、あるいは慎重な意見が浮上する。反対の急先鋒《きゅうせんぽう》は、牧野の義兄で元外交官の秋月左都夫《あきづきさつお》であった。秩父宮の叔母にあたる竹田宮妃昌子内親王《たけだのみやひまさこ》もまた、反対であった。竹田宮妃は、自分の娘禮子《あやこ》女王を妃にと望んだ（「倉富日記」一九二七年七月二〇日、九月七日各条）。

反発は、松平節子の身位に対する懸念に基づくだろう。華族でない節子を秩父宮妃とするには、父方の松平本家か、母方の佐賀鍋島家（侯爵）に養女として入籍する必要があった。倉富は、入籍は、「皇族の婚嫁は同族、又は勅旨に由り特に認許せられたる華族に限る」と定めた皇室典範の趣旨と合わず、「必ず物議を起こす」と反対した（「倉富日記」一九二八年一月五日条）。たしかに、養女となって皇室典範の規定をクリアできるのなら、理屈としては、誰でも皇族妃となれる。むろん、松平節子は両親ともに華族の生まれであり、その貴種性が形式上の平民を打ち消してはいたが、やはり「平民妃」は物議を醸す問題であった。

ワシントンDC在留中の松平恒雄のもとに結婚反対を主張する書状が届いた事情もあり、松平家は「地位が卑《いや》しくてふさわしくない」と辞退を申し出た（「倉富日記」一九二七年七月七日条）。宮内省は一九二七年一一月、実業家の樺山愛輔《かばやまあいすけ》を米国に派遣し、松平恒雄と交渉させた。この結果、辞退の申し出が撤回された（以上の経緯は、『昭和天皇と立憲君主制の崩壊』も参考にした）。

二回の面会だけでも恋愛

樺山は年末に帰国し、その直後（一九二八年一月七日）、『東京朝日新聞』が、「秩父宮殿下の妃に選ばれた松平大使令嬢」と大きなスクープを飛ばした。そこには、「宮と嬢とはお知合いの間柄」として、その一年前に秩父宮が大使公邸に滞在したときの様子が報じられた。記事によると、晩餐後の歓談で、節子に、その妹正子《まさこ》が加わり、無邪気につつましやかな態度で、秩父宮の旅情を慰めたとされる。そのときの会話を『婦人画報』増刊は次のように再現した。

秩父宮「馬に乗りますか」
節　子「いいえ」
正　子「馬は怖いのですもの」
秩父宮「馬は撫《な》でてやれば、おとなしいものですよ」
正　子「でも落ちたら大変ですもの」

（『御即位御大礼記念皇族画報』）

この会話再現で、節子の発話は「いいえ」の一言である。節子自身によると、おやつのとき、寿司や汁粉《しるこ》の給仕役を務めただけで、食事を一緒に取ったわけではない。「英語がわからなくて、大変でございました」などと学校の様子を説明したという（『銀のボンボニエール』）。これは、皇室カップルとしては前例がない、結婚前の交流と受け止められた。『東京朝日新聞』記者の鈴木文史朗《すずきぶんしろう》は以下のように書く。

〔秩父宮〕殿下は英国へ御留学前にも、また、御帰朝の途中ワシントンにおいても節子嬢にお会いになっておられる。これは何でもないようなことで、実はそうではない。民間においてすら、ただ一回の見合いにより、仲人口《なこうどぐち》に信頼しあって、世間体の家名や財産を標準として結婚が成立することが多いことを思えば、このたびの秩父宮と松平節子嬢との御婚約は、単に御良縁であるという以外に誠に意義が深いといわねばならぬ。

（『婦女界』一九二八年三月号）

あくまで人物本位の御選択によられ、形式の族称からいえば平民であらせられたことなどはまったく比類なき破格といわねばなりません。因襲や形式に泥《なず》まれず、人生結婚の本義に基づく理想的ともいうべき御成婚を拝して国民が心からお祝い申したのは当然です。

（『婦女界』同年一一月号）

鈴木の論考は、本人の意思を取り入れた当時の結婚観と一致する。秩父宮と松平節子は、新しい結婚観のなかに置かれた。事前の出会いは二回だけだった。しかし、この二回こそが重要であり、それが本人の意思を尊重した恋愛と受け止められたのである。

侍女のメディア批判

ただし、節子の周囲は新聞がロマンスを書き立てることに批判的であった。松平家の侍女高橋たかは、日記（『日本』一九五九年四月号所収）に次のように書く。

どうやら記者たちが知りたがるのは〔中略〕秩父宮様、ワシントンにお立寄りのときの御模様。お二人のロマンスを根掘り葉掘りきかれるのには、まったくこまった。親王様〔秩父宮〕二日一晩滞在中、おふたりにてお過《すご》しなされしことは断じてな〔い〕。

（一九二八年一月一〇日条）

新聞記者が、無理にロマンスをでっち上げておるのには、ほとほと閉口す。〔中略〕記者たちは勝手に想像しているのだ。それがやがて新聞に発表され、国民の方々もこのように信ずるようになる。おそろしきことなり。

（同年一月二〇日条）

侍女は、「記者たちは勝手に想像している」と感じた。だが、その裏には、ロマンスを見たがる読者の想像力が存在する。読者と記者は共謀して、皇族のロマンス・恋愛を構築し、それによって新しいカップルは大衆的歓喜の対象となった。

そのことは、節子が一九二八年六月二二日、米国から横浜港に到着したとき、約三〇〇〇人の熱狂に包まれた事実（『東京日日新聞』六月二三日夕刊）が証明する。結婚報告のため福島県若松市（現会津若松市）を訪れたときも同様な「節子姫ブーム」が起きた。新聞・雑誌は、映画女優のような「節子姫」のスナップ写真を掲載した（「戦前期「女性」の皇室観」）。皇族のアイドル化現象である。

松平節子《せつこ》は、貞明皇后（節子《さだこ》皇太后）と名前の漢字が同じため、勢津子《せつこ》と名前を改め、九月二八日に結婚した。皇室カップルの恋愛と平民のイメージは、秩父宮夫妻が具体的なアイコンとなって増幅され定着する。

正統性より正当性

秩父宮成婚について伊藤之雄は「身分の問題が少し緩和されていった」と評価した（『昭和天皇と立憲君主制の崩壊』）。ただ、緩和は「少し」ではなく根本的である。重要な継承候補者の結婚相手が、子爵の養女であったことは、「同等性の原則」の大幅緩和と言っていい。大正期、華族の身分秩序は実質的に崩れ始める。社会の支配層に平民が進出し、旧公家は経済的に成功した富裕層と通婚し始め、華族の貴種性は薄まっていく。

当時、「同等性の原則」は世界的にも見直される時期にあった。同等性は、欧州各王室が国を超えて通婚することで保持していた面もある。しかし、第一次世界大戦を経た欧州は、国民国家がより強固な体制となった。欧州王室では、国際通婚による同等性の維持を重視せず、恋愛により自国内で相手を見付ける王族が目立ってきた。むしろ、国民とのつながりが重要になったのである。明治時代に日本に移入された「同等性の原則」は、本場欧州で揺らいでおり、国際的に時代遅れになっていた。

日本でも、通婚制限の維持は実質的に難しくなっていただけでなく、皇室にとって同等性の調達による正統性の確保より、国民からの支持による皇室の正当性の確保のほうが重要になっていた。皇室も大衆化しなければならなくなったのである。

松平節子が選ばれた軌跡を振り返ると、三〇年後の正田美智子の皇太子妃選定と相似形であることが見えてくる。平民からの選定、保守派による反発と辞退、メディアによる本人の意思の強調、恋愛に対する人びとの熱狂……。皇族の結婚が、人びとの理想となり、大衆が歓喜する条件はすでに昭和戦前期に整っていた。節子は、次の時代の平民美智子妃の先駆けの位置にあった。

3　第二の宮中某重大事件——高松宮の結婚をめぐって

一歳と八歳の許嫁

裕仁皇太子（昭和天皇）の二番目の弟、高松宮宣仁《のぶひと》親王の結婚相手は、徳川慶喜《よしのぶ》家の喜久《きく》子《こ》である。結婚は一九三〇（昭和五）年二月であった。高松宮の婚約は、兄たちの経緯とは大きく異なる。幼少のころから、二人は事実上の許嫁《いいなずけ》の関係にあったからだ。こう書くと、古いタイプの通婚のように聞こえるかもしれないが、やはり結婚後の恋愛の生活は見られる。また、高松宮の結婚には、第二の宮中某重大事件と呼べる出来事が付随する。これに関連し、昭和天皇の生殖（性）に関する噂が生まれたことも見ていこう。

高松宮の結婚の話は一九〇八（明治四一）年四月七日、有栖川宮栽仁《たねひと》王という二〇歳の青年皇族が亡くなるときに遡《さかのぼ》る。父は威仁《たけひと》親王（四六歳）であった。有栖川宮家には、ほかに男子はおらず、このままでは宮家は断絶してしまう。有栖川宮家は血統では天皇本家にももっとも近く、廃絶は大きな影響があった。苦悩した威仁親王は四月一五日、伊藤博文に対し、

「庶室〔側室〕を置いて後継を確保すべきだという勧めがあるが本意ではない。明治天皇の皇子孫を宮家に入れて跡継ぎとしたい」と書簡をしたためた（『威仁親王行実』）。

この五年後の一九一三（大正二）年七月、威仁親王も五一歳で亡くなってしまう（七月五日逝去。一〇日まで秘された）。親王にはもうひとり子供（實枝子《みえこ》女王）がいて、徳川慶喜家の跡継ぎ、慶久《よしひさ》に嫁いでいた。實枝子と慶久の娘が喜久子で、威仁親王逝去時、一歳（3－4）。威仁親王はこの孫娘と、天皇家の三男宣仁親王（八歳）を縁組みし、有栖川宮家を継がせようと構想する。

3-4　**徳川喜久子をめぐる略系図**

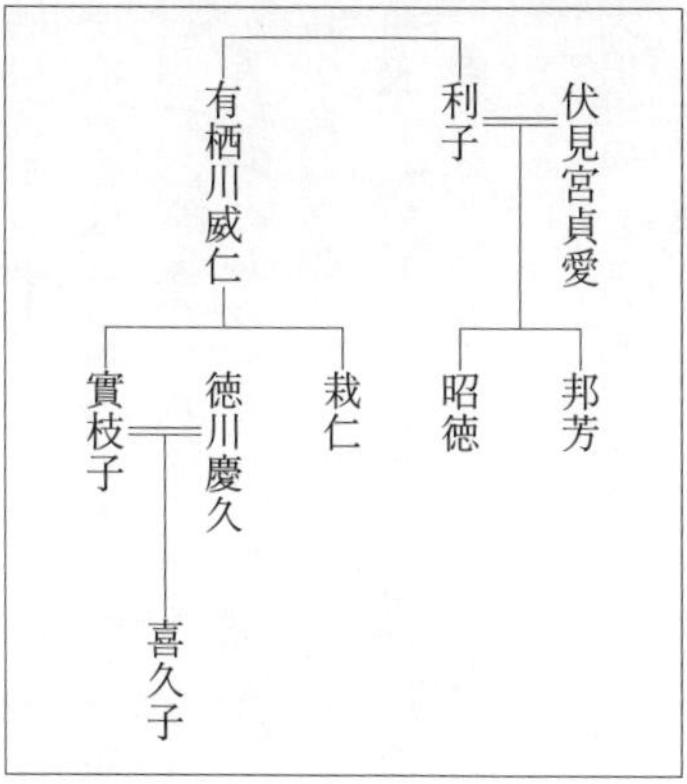

威仁親王は逝去の直前（六月二二日）、当時の宮内大臣渡辺《わたなべ》千秋《ちあき》を、療養していた兵庫県の舞子《まいこ》別邸に呼んだ。ここで、喜久子が成長の末、宣仁親王の妃に選定されれば、満足に思う旨を述べた。これに対して、渡辺は「御希望の趣はまったく同感であり、大正天皇・貞明皇后に内奏する」と答えている。この結果、威仁親王逝去の翌日（七月六日）、宣仁親王に、有栖川宮家の旧称である高松宮の称号が与えられた（『西園寺公と政局』一九三二年九月七日条）。宣仁親王（以下、高松宮）は、喜久子の許嫁となり、

有栖川宮家の事実上の跡継ぎとなった。

明治典範は、皇族の養子を認めておらず、男子がなければ宮家は廃絶のはずである。天皇の三男に、宮家の旧称を与えることで事実上継承させるのはかなりの裏技と言っていい。血統が天皇家にもっとも近い有栖川宮家だからこその特別措置であった。

高松宮と喜久子の「内約」は一九一六年一二月、貞明皇后が再確認した。宮内大臣から宮家事務官に対して、「相当の時期において、〔婚約の〕お取り決めをなさることが〔貞明皇后の〕御内意と伺っている」とする書簡が発出された（『西園寺公と政局』同前）。

大伯母の「心の病」

高松宮と徳川喜久子の関係は、一九二五年、宮が二〇歳となるころから噂として報じられる（たとえば『東京朝日新聞』一月一日）。一九二七（昭和二）年ごろから、宮内省内部でも具体的な検討が進み始める。動きがわかるのは「倉富日記」（一二月二六日条）の記述からだ。ところが、日記には、「高松宮の縁談は止むるならば止むることにして……」と貞明皇后（節子皇太后）が述べたと記される。婚約しない選択肢がいきなり書かれているのだ。

これには、喜久子から見ると大伯母《おおおば》にあたる、有栖川宮家出身の利子《とし こ》女王の問題が絡む。伏見宮貞愛《さだなる》親王に嫁ぎ、伏見宮妃利子となった彼女は一八八〇（明治一三）年と翌年、邦芳《くにか》王・昭徳《あきのり》王の二人の男子を産んだ。しかし、次男昭徳王を一歳で亡くし、悲しみのあまり鬱《うつ》状態となった。宮中儀礼の西洋化のために来日したお雇い外国人、オットマール・フォン・モールは「精神錯乱」と書く（『ドイツ貴族の明治宮廷記』）。さらに、兄邦芳王も心の病となり、利子女王の病はさらに進行した。利子女王は一九二七（昭和二）年、六九歳で亡くなるが、公務にあたる例はほとんどなく、一生は病苦と悲嘆のなかにあった。喜久子の係累に、心を病む皇族がいることが大きな問題となり、「止むるならば止むる」という貞明皇后（節子皇太后）の発言になった。

グランド・ハネムーン

１年余の外遊から帰国し，笑顔で応える高松宮宣仁親王と喜久子妃　1931年６月11日　朝日新聞社

結果として結婚は遂行される。なぜ結婚に至ったのか。推測であるが、当時の宮内大臣一《いっ》木《き》喜徳郎《きとくろう》は強いリーダーシップを発揮するタイプではなく、奥向きにも精通していない。大正期に皇族同士が結んだ縁談を破棄する大きな決断を下せるほどの大臣ではなかった。

以上のような経緯で結ばれた高松宮と徳川喜久子に、結婚前の出会いのような劇的な物語があるわけではない。

秩父宮と比べると、旧時代の結婚に見えてしまう。

しかし、前に述べたように、当時の恋愛観では、結婚後にお互いが夫婦として惹かれ合い、睦まじく過ごしていれば、それだけで恋愛の生活だと考えられた。その意味で、結婚の二ヵ月後から一年余の長期の欧米旅行を行い、海外から一夫一婦の睦まじい姿を見せるだけで、人びとには十分であった。

喜久子妃はまだ一八、九歳。洋行先で、欧米風の対等な夫婦像を示す。旅行に随行した侍女の記録をもとに、ノンフィクション作家の平野久美子は『高松宮同妃両殿下のグランド・ハネムーン』（二〇〇四年）と題する本を書いた。旅行はまさに長期のハネムーンであった。欧米から折々に送られる若く潑剌《はつらつ》とした喜久子妃の姿を、人びとは好意的に見つめた。

「宮内大臣は責任をとれ」

有栖川宮家の血統の問題は、結婚二年後に突然、再燃する。明治後期の宮内大臣田中光顕が、一九三二年になって、有栖川宮の血を引く喜久子を皇室に迎えたのは「甚《はなは》だ、けしからん。宮内大臣〔一木喜徳郎〕は責任をとれ」と、騒ぎ出したからだ（『西園寺公と政局』同前）。田中は八八歳だった。

田中は八月六日、牧野伸顕（当時は内大臣）と面会し、感情のままに一木の辞職を迫った。

一九〇六（明治三九）年、有栖川宮栽仁王と明治天皇の皇女允子《のぶこ》内親王（富美宮《ふみのみや》）の結婚話

があったとき、天皇は「あんな血統の所にはやれない」と反対したと、田中は説明した。当時から、利子女王の精神の病の問題があり、それを避けたのが、明治天皇の意思なのだから、今回もそれに沿って判断すべきだったと田中は主張したのだ。田中は、宮内大臣が辞めないなら「天下にこの事実を暴露する」と脅かした。

大臣のクビが飛ぶ

実際、田中の言動を『東京日日新聞』『報知新聞』（一九三二年八月九日）の二紙が暴露する。このうち『東京日日新聞』は、「田中光顕翁　悲壮の決意」の見出しで田中が宮内大臣らに引責を迫ったと詳述した。訴えの内容が、高松宮夫妻結婚に関する抗議とは書かれていない。しかし、元宮内大臣が現宮内大臣の引責を迫ったと暴露する記事が社会面トップを飾ったのだから、ただならぬ事態の発生を世に知らしめるには十分であった。

しかし、田中の言い分には、問題があった。実は、栽仁王と允子内親王の結婚について、明治天皇の意思（内旨《ないし》）が示されていたからだ（『明治天皇紀』一九〇六年一月九日条）。事実上婚約は内定していたのである。時の宮内大臣は田中だ。話がなくなったのは栽仁王が二年後に亡くなったからであった。

有栖川宮家に血統問題があるなら、栽仁王と允子内親王の結婚を進めた田中に責任があるはずだ。田中は自らの非は棚に上げて、一木の責任を追及したことになる。事実を意図的に曲げたか、高齢のため詳細を忘却したかのどちらかである。

一九三二年八月中に、田中は一木と手打ちを行った。田中は一木から「このようなことを世間に暴露して宮中関係について問題が起きたら、高松宮両殿下が御不幸になるだけでなく、皇室に対して申し訳ない。もし、一木個人の辞職で事柄が無事に済むならば、自分が辞めるぐらいはなんでもない」との言質を取ったのである（『西園寺公と政局』同前）。田中はそれを了とし、問題を他言しないと約した。さらに、高松宮の子孫と、昭和天皇の子孫を将来、縁組みさせないことを田中が申し入れ、問題は「解決」した（『木戸日記』一九三三年四月二五日条）。実際の一木の辞職は一九三三年二月である。

田中の行動は、満州《まんしゅう》事変後の緊迫した政局のなかで、右翼勢力による宮内省幹部攻撃という側面があった。宮中リベラル派を排斥する運動のなかに田中の動きがあり、喜久子妃の血統の問題は、そのために利用された面がある。

久邇宮良子女王の色覚障碍をめぐる第一の宮中某重大事件で中村雄次郎が辞職したように、第二の事件でも一木が辞めた。妃選定は宮内大臣を二人辞めさせるほどの重大事なのである。

側室進言の噂

ところで、田中の行動は、宮中の当事者が制御できない、まったく別の事態を引き起こした。田中の訴えが、昭和天皇に側室を勧める運動であったとする言説が広がったのである。

一九三二年の段階で、香淳皇后（良子）は、連続して女子四人をなし、うち一人を亡くしていた。皇嗣となる男子（皇太子）はまだいなかった。田中の憂国の行動は、側室によって世継ぎを確保する動きだと臆測されたのである。実際、通信社電は、「田中光顕翁 進言の真相 伝えらるるその内容」との記事を配信した。そこには、田中の進言は「皇太子殿下がいないことは心配に堪えない」との内容であると記された（たとえば『大分日日新聞』一九三二年八月二四日、『出版警察報』所収）。田中が側室を勧めたと仄めかす記事である。

側室進言説は、戦後の一九五六年、作家の小山いと子が『皇后さま』と題する小説に書いてから公然と語られるようになる。小山は以下のような趣旨を書いている。〈田中は女官の名前を何人か挙げて昭和天皇に気があるのかと側近に尋ねた。田中は愛妾にふさわしい名門女性数人を選び宮内大臣に推薦した——〉。小説の体裁なのでフィクションも許されるだろう。だが事実であるとは思えない。

女官制度の大改革

これより先、昭和天皇は、典侍《てんじ》・掌侍《しょうじ》などの旧来の女官身分を廃止し、平民を高等女官に登用するなど制度の大改革を行った（『ミカドと女官』）。結婚前、裕仁皇太子（当時）は、宮中に住まう女官は世間知らずになり、妻となる良子女王のためにもよくないと、宮内大臣に改革を強く申し入れている（『牧野日記』一九二二年一月二八日条）。これを受け、住み込み

3-5　昭和天皇即位直後の女官の体制（1928年）

女官長

◇竹屋志計子（52歳）

女　官

◎津軽理喜子（53歳）、◇伊地知ミキ（47歳）、◎山岡淑子（47歳）、○万里小路ソデ（30歳）、◎油小路蒙子（29歳）、○北村民枝（29歳）

註記：◎は大正期に裕仁皇太子夫妻のもとにいた女官、○は大正期に大正天皇夫妻に付き、代替わりに伴い転籍してきた女官、◇は新任の女官

であった女官を、宮中の奥から解放し、通勤制とした。大正天皇までの女官はお局《つぼね》と呼ばれる宮城《きゅうじょう》（皇居）内の宿舎に暮らしていたため、お局制度の廃止と呼ばれる。女官を、一般社会と同様、俸給を対価とする家政補助者へと変革した。

改革の精神は即位後も貫徹される。昭和天皇の即位から約二年が経った一九二八年一一月、新天皇と皇后の側近体制が整う。このときの女官は七人であった（３－５）。

大正天皇即位時に比べると、二〇人の女官体制は大幅に縮小された。一〇代の若い娘がいなくなったことも大きい。依然として華族出身者は多い（竹屋志計子《たけやしげこ》、万里小路《までのこうじ》ソデ、油小路《あぶらこうじ》蒙子《みきこ》が旧公家出身、津軽理喜子《つがるりきこ》は旧弘前《ひろさき》藩主家出身）。ただ、伊地知《いぢち》ミキと山《やま》岡《おか》淑子が典型だが、平民出身の女性が、軍人である夫を亡くしたのちに宮中入りする例が増えていく。女官が、天皇の身の回りの世話をする慣習も廃され、天皇の身辺奉仕をするのは、宮内省の内向きの男子職員である内舎人《うどねり》となる。奥のイメージは一新され、質実剛健の簡素な体制に変化した。

昭和天皇と香淳皇后は一九二八年、赤坂御所から宮城（皇居）

に移転するが、旧来の奥の構造を改造し、天皇皇后の「夫婦の寝室」を設けた。従来、側室がいた名残から皇后単独の寝室も存在したが、内部改装によって奥の構造を劇的に変えたのである（「倉富日記」九月一七日条）。一夫一婦の確立で、天皇の寝所に侍《はべ》る女性が完全にいなくなり、皇后単独の寝室が不要になった。画期的な御所改造である。

こうして見ると、田中光顕が側室を進言したとする臆測はまったく的外れだとわかる。田中が、宮内大臣の引責を迫った段階で、もっとも若い女官は油小路と北村だが、三三歳だ。一夫一婦の価値観が一般化した昭和戦前期、皇嗣《こうし》を得るために側室を置く発想が宮中内部には存在しなかった。それを想像したのは、むしろ社会の側であった。

虎ノ門事件の都市伝説

前章で確認したとおり、宮中の一夫一婦が確立し、皇室カップルに恋愛が読み込まれるようになると、人びとは逆に綻《ほころ》びや虚構性を語りたくなる。

裕仁皇太子（昭和天皇）に関する有名な噂を挙げれば、一九二三（大正一二）年の虎ノ門《とらのもん》事件に関連したものがある。裕仁皇太子は議会開院式に出席するため、虎ノ門付近を通過中、無政府主義者の難波大助《なんばだいすけ》によって狙撃《そげき》対象となった。銃弾は裕仁皇太子には当たらなかったが、御料車の窓ガラスを破り、同乗の東宮侍従長が負傷した。難波の父は、山口県選出の衆議院議員であった。

一年後、難波が死刑判決を受けたとき、作家の永井荷風《ながいかふう》は次のように日記に記した。

難波大助死刑、大助は社会主義者にあらず。摂政宮〔裕仁皇太子〕、演習の時、某所の旅館にて大助の許嫁の女を枕席《ちんせき》に侍らせたるを無念に思い、復讐《ふくしゅう》を思い立ちしなりと云《い》う。（『新版断腸亭日乗《だんちょうていにちじょう》』一九二四年一一月一六日条）

作家の高井ホアンは、戦前の「特高月報」を調査し、『戦前不敬発言大全』をまとめた。そこには、裕仁皇太子が難波の許嫁を横取りした（あるいは、強姦《ごうかん》した）ために、怒った難波が犯行に至ったと臆測し、噂を伝播《でんぱ》した人たちが不敬罪により検挙された事例が多く記される。ノンフィクション作家の牛島秀彦《うしじまひでひこ》も戦後の一九七七年、難波の動機について、裕仁皇太子に許嫁を奪われたからという都市伝説を多くの人が依然として信じた事実を記した（「虎の門事件の風聞と真実」）。噂は、皇室が一夫一婦となった事実の裏面を想像したがる人びとの欲望に基づく。

皇族たちの私生児

むろん、すべての皇族が品行方正であったとは言わない。久邇宮朝融王は一九二八年、宮家の侍女を妊娠させた（「倉富日記」六月二九日条）。朝融王の三女であった通子《みちこ》女王（のち酒井通子）は、朝融王は「いろんな女性に、一ダースではきかないほどご落胤《らくいん》を生ませている」と暴露しているから（『女性自身』一九七九年一一月一日号）、「ご落胤」はもっといたのかもしれない。

また、朝香宮鳩彦《あさかのみややすひこ》王が玄人《くろうと》と関係する話が『木戸日記』に出てくる（一九三五年六月二九日、八月九日各条）。『高松宮日記』（一九三六年一月八日条）も、ある皇族が新橋の芸者に「胤《たね》を宿し」たと記しており、これも朝香宮だろう。朝香宮の妻は、先ほど名前が出た明治天皇の皇女允子内親王である。朝香宮は允子内親王を亡くしたあと、芸者と関係し、子供をつくってしまったらしい。芸者はやり手で、問題は金銭によって解決された。

昭和戦前期に皇族に私生児が生まれた状況は、明治の皇族が側室を公然と置いた状況とは問題の水準が異なる。明治期であれば、私生児は認知され皇族として扱われた可能性があるが、昭和戦前期の皇室の私生児は、秘匿されなければならなかった。皇室における一夫一婦の確立の帰結と言えよう。

昭和天皇は結婚後、妻と仲よく過ごし、秩父宮は皇族の娘でなく「平民」の娘を好んだ。高松宮も結婚して若き花嫁と睦まじく世界旅行をした。当時の基準で、これらは恋愛と呼べるものだ。彼らは、皇室のニュー・ジェネレーションであった。

高松宮のあと、昭和天皇の末弟三笠宮崇仁《たかひと》親王が結婚したのは一九四一（昭和一六）年であった。相手は高木百合子《たかぎゆりこ》で、子爵家出身である。通婚範囲を子爵家まで広げた秩父宮の前例が踏襲された。昭和天皇はのち「三笠さんはずっと御自由で御自分で御選択になり、大宮様〔節子皇太后〕はいいなり次第」であったと述べている（『拝謁記』一、一九五〇年一月六日条）。意思が尊重された結婚であったのだろう。戦時期の報道統制のなかで、この結婚は浮ついた恋愛として報道されたわけではない。しかし、戦前期の皇室の恋愛の時代は、戦争という断絶を経て、戦後に連続していく。

第4章　昭和天皇の娘たち――占領下、平民性への注目

日本の敗戦のあと、昭和天皇の二人の娘（内親王）が結婚した。一九五〇（昭和二五）年の和子《かずこ》内親王（孝宮《たかのみや》、のち鷹司《たかつかさ》和子）と、五二年の厚子《あつこ》内親王（順宮《よりのみや》、のち池田厚子）である。いまでは忘れられつつあるが、二人の結婚は当時、大きな注目を浴びた。

二人は、次の時代に登場する正田美智子（現上皇后）のように、マスメディアの前で積極的に発言するスター性を持つ女性ではない。控えめで、地味な人柄であった。しかし、和子・厚子の両内親王の結婚でも、カップルの仲睦まじさ、つまりは恋愛性、平民性が注目された。美智子という偶像《アイドル》の登場以前にも、人びとは、皇室の結婚に恋愛と平民を見ようとしたわけである。

本章では、美智子妃ブーム以前の敗戦直後、人びとが、恋愛と平民に何を求めたのかを明らかにしていく。

1　恋愛自由度の上昇

結婚民主化の行き過ぎ懸念

敗戦直後、恋愛・結婚はどのように語られたのであろうか。和子・厚子の両内親王の結婚を検討する前に、人びとの恋愛・結婚意識を考えていきたい。

まず、占領期に六大婦人誌と呼ばれた『主婦之友』『婦人倶楽部』『主婦と生活』『婦人生活』『婦人世界』『ホーム』の一九四六（昭和二一）年から四八年まで三年間のすべての記事のなかから、恋愛・結婚に関係する記事を抽出して、その言説を分析した（分析対象計五七本）。

その結果、第一に、家と家との結び付きの側面が強かった従来の結婚のあり方を民主化する必要を強調する言説があった。日本国憲法は第二四条で、「婚姻は、両性の合意のみに基いて成立」すると規定した。家を基盤とした結婚は否定されるべきで、自由意思によって、恋愛・結婚することが重要だと盛んに議論される。婦人運動家の神近市子《かみちかいちこ》は、恋愛が悪と考えられた戦前とは打って変わり、戦後は逆に恋愛なしの結婚こそ、いけないことになったと言い切った（『婦人生活』一九四七年九月号）。

第二に、自由のはき違えから貞操を重視しない戦後世代（しばしば「アプレ世代」と呼ばれた)」の考えや行状を嘆く言説も目立った。好きになったらすべてを許してよいと、小説や大衆メディアが煽《あお》っていることへの憂いである。作家高見順《たかみじゅん》は、肉体的交渉を安易に行う傾向が強くなっているが、米国では結婚までは肉体関係に進まないと、戦後日本の行き過ぎに警鐘を鳴らす（『婦人倶楽部』一九四七年一〇月号）。「一部の若い娘たち」が、「性《セックス》の解放を盲目的に享受しようとしつつある」（『主婦と生活』一九四六年六月号）ことへの懸念が背景にある。

「肉体交渉の前に結婚を」

価値の混乱のなかで、自由と放縦を調節するため第三として、恋愛と結婚を結び付ける言説が存在した。たとえば、児童保護などの社会福祉事業に当たった参議院議員（緑風会）の宮城《みやぎ》タマヨは、恋愛は火遊びであってはならず、反省と責任をもって必ず結婚で終わらせたいと強調した（『婦人倶楽部』一九四八年九月号）。娘への気持ちを母親代表としてつづった内山恒も、恋愛したら肉体の交渉に入る前になるべく早く社会的束縛としての結婚の発表という形を取るべきだと力説する（『婦人生活』一九四七年一二月号）。

最後になるが第四として、恋愛結婚が最終的には適切なあり方だとしても、男女交際が自由にしづらい日本では、見合い結婚も必ずしも一概に否定されるべきではないという言説があった。『婦人倶楽部』（一九四六年二月号）の座談会で、ある青年医師は、恋愛から入り、お互いを理解し合っての結婚が望ましいが、若い男女が親しく交際できる設備や組織がない日本では、見合いを通じて男女の理解を深めるほかはないと述べる。こうした議論は、見合いであっても十分な交際を経て互いの気持ちを恋愛に発展させてからの結婚が理想だとする言説につながる。

厚生省優生結婚相談所の山際《やまぎわ》よし子は、長い間、封建制の殻に閉じ込められた日本人は、自覚や批判力が乏しいため、冷静な判断のもとに置かれる見合い結婚は、理想に近いと主張する（『婦人倶楽部』一九四七年一二月号）。タレントとして活躍していた徳川夢声《とくがわむせい》もまた、見合い結婚がダメと言い切るのは「現実問題としてまだ尚早だ」と論じた（『ホーム』一九四八年一二月号）。

前章で見たように、恋愛を、見合いの枠に囲い込みながら奨励する考え方は、大正期に現れている。戦後は、恋愛の自由度がより増した。恋愛の正当性が大きくなったため、恋愛を既存秩序の枠に落とし込む必要が以前よりも大きくなったのである。そのなかで二人の内親王の結婚が注目されていく。

典範の庶出子否定

戦後、日本国憲法と同時に施行された新しい皇室典範で、庶出子継承が否定されたことにも触れておく。

一九四六年設置の臨時法制調査会は、庶出子を認めないことについて、議論は実質的にないなかで新皇室典範案をつくった。その第六条は、皇位継承資格者を嫡出子に限った。憲法学の奥平康弘は「社会体制側の「庶出ノ天皇」切り棄《す》ての、変り身の速さ」を驚きであると述べた（『「萬世一系」の研究』）。しかし、皇室も社会も、明治期から一夫一婦への道を歩んでおり、戦後の民主改革によって庶出天皇が一挙に切り捨てられたわけではない。

当時、三笠宮崇仁《たかひと》親王は「一夫一婦の道徳が既に文明諸国に共通であり、日本人ですら「あの人には妾がある」ということは既に唯《ただ》の批評よりも悪評の中に入って来ている」と述べている（「新憲法と皇室典範改正法案要綱（案）」）。帝国議会で首相の吉田茂《よしだしげる》は、「〔天皇は〕国民道義の儀表《ぎひょう》〔模範〕」であり、象徴の地位に就くのは「正当の婚姻によって生れられたお方に限りたい」と答弁した（衆議院本会議、一九四六年一二月五日）。一夫一婦は戦前からすでに国民の道義であり、庶出子を典範に規定する余地はなかった。

庶出天皇の否定は、すなわち、側室の否認であり、ただひとりの相手と出会い、恋をし、結婚をして添い遂げるという近代家族理念の明文化である。新憲法の精神を反映した新しい皇室典範の規定からも、皇族にとって恋（自己決定）は重要になる。

2　重視された「当人」の意思

結婚内約破棄と難航

和子内親王の結婚相手は旧公爵である五摂家の鷹司平通《たかつかさとしみち》、厚子内親王の相手は旧侯爵である旧岡山藩主家の池田隆政《いけだたかまさ》であった。いずれも、現代的な感覚で言えば、見合い結婚、互いの家が介入する協定婚の色彩が濃かった。しかし、人びとは、そのなかに恋愛を見いだそうとした。それはなぜだろう。

和子内親王には最初、別の結婚内約者がいた。戦時期である一九四一（昭和一六）年、七歳年上の皇族賀陽宮邦寿王《かやのみやくになが》との結婚内約がなされた（「百武三郎《ひゃくたけさぶろう》日記」三月二九日条、『昭和天皇実録』四月五日条）。当時、和子内親王はまだ一一歳だった。

姉の成子《しげこ》内親王（照宮《てるのみや》）は一九四三年、東久邇宮盛厚王《ひがしくにのみやもりひろ》と結婚した。明治天皇の四人の内親王も全員、皇族に嫁いだ。天皇の娘（皇女）は、皇族身分を維持するために、宮家皇族と結婚するのが前例である。華族への降下婚は避けられていた。

敗戦翌年の一九四六年、和子内親王が女子学習院中等科を卒業する段になり、賀陽宮家から結婚時期について、年末か明春との希望が伝わった。昭和天皇は、「早くしてよし。余りグズグズして先方で嫌気を起こしても悪《あ》し」と一六歳の娘の早期婚嫁に前向きだった。このときまで和子内親王には、自身に結婚内約者がいることは、知らされていなかった（『側近日誌』〈侍従次長木下道雄《きのしたみちお》の日記〉一月七日、八日各条）。

　この直後、御養育掛長《ごよういくがかりちょう》の藤井種太郎《ふじいたねたろう》が、結婚は時期尚早と主張し、これが通り結婚は三年延期となった（『側近日誌』一月一一日、一四日各条）。「女子にも教育が必要」という社会の志向に合わせ、高等科選修に進学することになったのである。その後、時期は不明だが、賀陽邦寿《かやくになが》（臣籍降下して姓は賀陽となる）との内約は破棄された。賀陽は戦後、京都大学に通い、古都の舞妓《まいこ》（南洋子）と恋仲となった。このため和子内親王との結婚を断ったようだ（『天皇家の五〇年』）。

　一九四九年、新たな相手探しが本格化する。まず浮上したのは、東本願寺法主（旧伯爵）の長男大谷光紹《おおたにこうしょう》（二四歳）であった。大谷の母智子《さとこ》は久邇宮家出身で、姉が香淳《こうじゅん》皇后であったから、大谷と和子内親王は従兄妹《いとこ》関係となる（四親等）。大谷の浮上には、甥《おい》との縁組みを進めたい香淳皇后の意向があった。京都の地方紙『都新聞』が九月六日、婚約の噂を報じた。

　宮内庁幹部は一一月二九日と一二月五日、大谷との婚約の是非を議論した。結論は、大谷の断念である。出席

4-1　昭和天皇の皇子・皇女

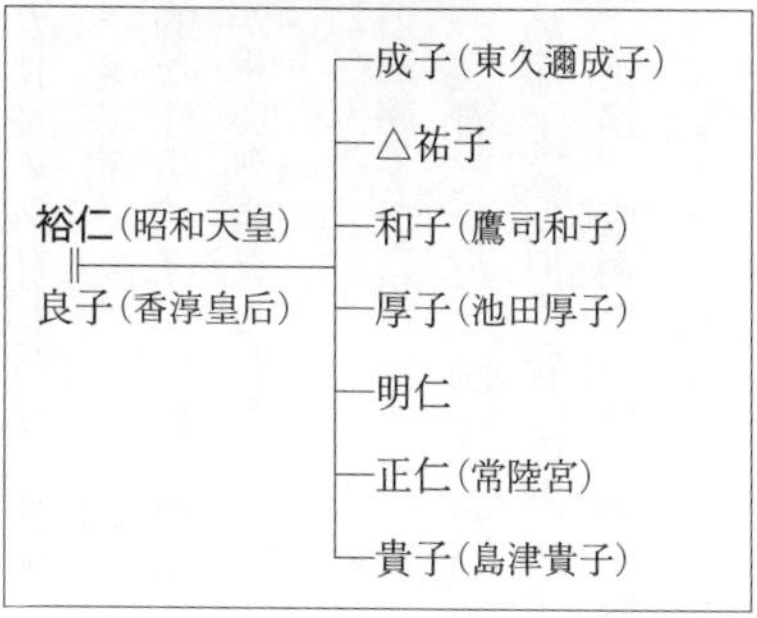

註記：△は早世した子

した侍従の入江相政《いりえすけまさ》は「要するに血族結婚は不可ということになり、更にその他の点からいっても不可ということになる」(『入江日記』)と記録する。近親結婚が問題となり、また、社交的な性格ではない和子内親王が、東本願寺の未来の法主夫人となって公の場に出るのは、荷が重いと考えられた。

旧華族でも平民

一二月五日の会議で、鷹司平通(二六歳)と浅野長愛《あさのながちか》(二四歳)の名が挙がる。浅野は旧広島藩主家(旧侯爵)の継嗣であった。経済的側面から考えると、旧大名家の浅野に利がある。だが、鷹司の従妹《いとこ》が和子内親王の女子学習院の同級であり、鷹司家は和子内親王の人物をよく知っているだろうなどの理由もあり、鷹司が選ばれた。鷹司は大阪理工科大学(現近畿大学)を卒業し、交通博物館(日本交通公社)に勤務していた。

宮内庁長官の田島道治《たじまみちじ》は一九五〇年一月二日、昭和天皇の了承を得た(『拝謁記』一)。これを受けて田島は一月五日、鷹司の父親を訪問した。父親の答えは「本人の意思をよくききまして」であった(同前)。ここで、本人の返事待ちとなる。

この段階で入江は「全く今度のお話が駄目になったらどうしようと思う」と不安を書く(『入江日記』一九五〇年一月一九日条)。断られたら、振り出しに戻るのだからもっともな不安である。内親王を妻とするかどうかの鷹司の意思にかかっていた。そして、一月二〇日に父親が田島に「御受けします」と伝えた（「田島日記」）。婚約発表は一月二六日。結婚は五月二〇日であった。

鷹司と和子内親王は七親等と縁続きであったが、これは問題にならなかった。鷹司家は五摂家であり、「同等性の原則」の同心円では、宮家皇族に次ぐ位置にある。戦前、皇族としか通婚しなかった内親王が、五摂家の男性と結婚するのは新例だが、制限緩和はわずかであり、従来型の通婚のようにも見える。ところが、人びとは、そうは捉《とら》えなかった。むしろ、新しい結婚だとして歓迎した。

交通博物館の月給は当時六〇〇〇円で、「一平民サラリーマン」（『読売新聞』五月二一日）が皇女の夫になると受け止められたのである。

デートはできぬが交際

鷹司が浮上した直後、『朝日新聞』（一九四九年一二月九日）は、次のような宮内庁方針を報じた。

深窓の宮さまとしては、周囲の事情から、ご自身で〝良人《おっと》〟を選択する機会はめぐまれないので〔中略〕側近の間では良縁をと内調査を進めているようだが、両親陛下は「婚姻は両性の合意のみによる」という新憲法の精神で、〝本人の意思〟を尊重され〔中略〕結婚成立までには一般とおなじように当人同士の御交際などの期間を持つようにしむけるお考えだということである。

このあとの経緯も、記事にあるとおりに進む。実際は、天皇家と鷹司家との家レベルの協定婚だ。しかし、見合いをきっかけに交際が始まり、相手を理解し合ってゴールインすると捉えられた。これは当時の婦人誌も勧めた望ましい結婚のあり方であった。

昭和天皇自身、「多少交際はするということも時節柄結構だ」「見合結婚で単なる他人のきめたではなく、見合結婚だけれども一応お互に理解して貰《もら》うのが結構と思う」と述べていた（『拝謁記』一、一九五〇年一月六日条）。

婚約から結婚までの四ヵ月間、二人の交際が折に触れて報じられた。『読売新聞』（一九五〇年三月四日）によれば、鷹司は交通博物館からの仕事帰り、三日に一回程度、都電を使って皇居を訪問した。和子内親王はピアノを弾き、クラシックをよく聴く音楽好きであり、鷹司も作曲が趣味で合唱団に所属した。天皇誕生日の内宴のとき、鷹司が作曲した童謡を和子内親王がピアノで伴奏し、妹の貴子《たかこ》内親王（清宮《すがのみや》、のち島津貴子）が歌うパフォーマンスがあり、侍従の入江は感激して泣いた（『入江日記』四月二九日条）。こうした逸話は仲睦まじさとしてマスメディアを通じて流布し、「まったく普通の恋人たちと違わないお交際」とされたのである（『婦人生活』一九五〇年六月号）。

納采《のうさい》の儀に合わせ、二人が並んだ写真も公表された。結婚前の内親王がフィアンセと一緒に撮影されること自体、前例がなく、異例のメディア戦略である。これは、多くの読者に「さわやか」な印象を与えた（『女性改造』一九五〇年五月号）。

一方、交際は無制限ではなかった。入江は、当時流行した映画「赤い靴」を和子内親王と鷹司の二人で鑑賞するよう画策した。実現すれば画期的だったはずだ。しかし、宮内庁長官の田島が「良家の子女は婚前にはそういう所へは行かないものだ」と却下した（『入江日記』四月一五日条）。婚前デートまでは許されなかった。

岡山への嫁入り

次に厚子内親王である。彼女の結婚は一九五〇年一一月から検討が始まる。厚子内親王は一九歳。この年、学習院短期大学部に入学していた。

香淳皇后は甥に当たる久邇《くに》邦昭《くにあき》（皇后の兄朝融《あさあきら》の長男）を推し、さらにこともあろうに、姉のときに潰れた同じく甥の大谷光紹まで推薦した。入江は、「近親結婚の非なる所以《ゆえん》」が皇后に伝わっていないと嘆いた（『入江日記』一二月一二日条）。

翌一九五一年一月八日に池田隆政（二四歳）が第一候補となる。「田島日記」には、「池田隆政を第一に考《かんが》うることとし〔式部〕官長〔松平康昌《やすまさ》〕に調べたのむ」とある。池田は、厚子内親王の再従兄《またいとこ》に当たるが（六親等）、これも問題にならなかった。彼は、殿様の家系としては変わった青年で、学習院高等科（旧制）を卒業後、父祖の地である岡山で牧場を始めていた。

焦点は、娘が岡山という遠隔の地に嫁ぐことを昭和天皇夫妻がどう考えるかになる。天皇には「東京を離れて〔中略〕何か事が起きた場合に遠隔故《ゆえ》、事前に防ぐことが出来ず、手後れになるような心配はないかしら」との懸念があった（『拝謁記』二、一九五一年三月九日条）。三月二七日、田島は侍従次長の稲田周一《いなだしゅういち》から「順宮《よりのみや》様〔厚子内親王〕岡山のこと両陛下OK」と伝えられた（「田島日記」）。天皇皇后からのゴーサインである。

宮内庁は本人たちの意思を尊重する。厚子内親王は中国・四国地方訪問の途中、岡山で事実上のお見合いをした（四月二日）。そのあと、侍従次長の稲田が岡山で池田に会い、結婚の意思を確認した（「入江日記」五月一二日条）。さらに五月一五日、香淳皇后が厚子内親王と話し合い、最終的な気持ちを聞いた（「田島日記」五月一四、一五日各条）。厚子内親王は前向きな意思を示し、最終決定となった。当人同士の意思がもっとも重要であったのである。

ただ、五月一七日に節子《さだこ》皇太后（貞明皇后）が急逝し、婚約発表は七月一〇日まで延期される。実際の結婚は、さらに一年三ヵ月後の一九五二年一〇月一〇日になった。服喪期間が必要だったためである。

「会うごとに深まる愛情」

この間の交際は折に触れて報道される。地元紙によれば、「順宮様〔厚子内親王〕をお好きですか」という直截な質問に対し、池田は「エエ、好きですね」「僕が大体生き物が好きで、牧場などを経営する気になったんですが、宮様も小鳥など生き物が非常にお好きで話がよく合うのです。そんなところから好きになったわけです」とのろけてみせた（『夕刊岡山』一九五一年七月一二日）。

厚子内親王は、岡山在住の池田とは、頻繁な交際はできない。しかし、マスメディアは「お会いするごとにお互いの理解と愛情が深まる」「遠い岡山に行っても隆政さんがいるんですもの、さびしくはないわ」（『朝日新聞』一九五二年一月一日）と厚子内親王の言葉を紹介し、交流を伝えていく。二人は文通をしており、「文箱《ふばこ》に、三通、四通と文が、たまるにつれて愛情は深まった」と恋愛物語が語られた（『週刊読売』一〇月二六日号）。

一九五二年四月、厚子内親王の岡山入りの際、交際が目に見える形となった。新居を確認するための結婚前の二泊三日の旅であった。メディアの前に立った厚子内親王は、池田の差し出す傘のなかに「むつまじく」入り、カメラマンの「笑って下さい」との注文にも応えた。厚子内親王がベランダの端に立つと、池田が「「おっこちますよ」とだきかかえるように自分の方に引きよせるというほほえましい風景」まであった（『山陽新聞』四月一五日）。

三二万石の旧岡山藩主家は明治期に侯爵となった。公爵に次ぐ家格である。しかし、焦点が当たったのは池田の貴種性ではなく、二人の平民性と睦まじさであった。

った。

3　彼女たちに何を見たか――敗戦直後のなかで

ニッポン乙女の象徴

二組の内親王カップルの結婚を、人びとは歓迎した。本人の意思確認、結婚前の交際という形が、社会が望む結婚のあり方と一致し、その共感が平民的という言葉で言い表された。さらに、内親王の結婚は、豊かさへの憧れともつながり、二組の結婚への関心は非常に高かった。

一九五〇（昭和二五）年五月二〇日の結婚当日、和子内親王は皇居から式場である高輪の光輪閣に自動車で向かった。あいにく雨だったが、沿道には「人波がえんえん」と続いた（『読売新聞』五月二一日夕刊）。天皇を象徴とする憲法になぞらえ、婦人誌は、和子内親王を「結婚適齢期の女性の〝象徴〟」（『婦人世界』一九五〇年一月号）、「ニッポンの乙女のシンボル」（『新婦人』同年三月号）と呼んだ。

和子内親王の結婚は読者を惹き付ける重要なコンテンツであり、多くの記事が書かれた。読者投票で選ばれる一九五〇年の『読売新聞』年間ニュース・ランキングで、この結婚は一〇位。「国民の関心は大きく、まさに〝世紀の結婚〟であった」と論評された（『読売新聞』一二月二〇日）。

厚子内親王の場合も、歓迎ぶりは、姉のときと同様である。新郎新婦は式の五日後、寝台列車で岡山に向かった。東京駅では見送りの人波で夫妻が前に進めない場面があり、「押寄せるミーちゃん、ハーちゃんに、もみくちゃにされ」た（『日本経済新聞』一九五二年一〇月一六日）。

歓迎ぶりは岡山でさらに激しく、沿道の出迎えは約二万人。夫妻はオープンカーになかなか乗れず、車上の人になっても立ち往生する混乱が続いた（『山陽新聞』一〇月一七日夕刊）。岡山県知事は、新夫人を雲の上に祭り上げての特別待遇はよくないと県民に説いたが（『山陽新聞』一〇月一〇日夕刊）、まったく逆の歓迎となった。式典などへの招待が相次ぎ、牧場の仕事に支障が出ると懸念した池田が記者会見し、新規招待は辞退させてほしいと了解を求めるほどであった（『夕刊岡山』一〇月二五日）。『読売新聞』（一二月一七日）がまとめた一九五二年の年間ニュース・ランキングでは、一二位であった。

恋愛と結婚の啓蒙

婦人誌は二組のカップルを結婚の模範と位置付けた。『新婦人』（一九五〇年六月号）は、婦人問題評論家である大浜英子《おおはまひでこ》が、新聞記者四人と「戦後派恋愛結婚の在り方」と題し対談する。

議論の途中、和子内親王の結婚が「民主的な宮様の御婚約」との小見出しのもとで語られた。記者のひとりが、地位と身分のある大谷との婚約話もあったが、一市民である鷹司のほうが民主主義の姿からすれば模範的だったと発言すると、他の記者も、意思の確認や交際があった事情など、プラス面を次々に挙げた。そして司会役の大浜が、日本における「恋愛、結婚に対する蒙《もう》を啓《ひら》いた」と高く評価して、議論を締めた。大谷には東本願寺というバックがある。一方、鷹司は旧華族であるが経済的地盤が盤石なわけではない。そこが逆に評価された。

『女性改造』（一九五〇年九月号）では、社会評論家の菊名三郎《きくなさぶろう》が、和子内親王の結婚を論じた。菊名は、鷹司について、東大・京大という秀才コースでもないうえ、五摂家といっても典型的な斜陽華族であり、安月給で、痩せて色黒だとさんざんに評価した。それにもかかわらず和子内親王が鷹司を選んだのは、音楽という共通の趣味があったからこそだと菊名は強調する。そして「皇女自身が自らの意志により、多少にかかわらず恋愛の情をふくめて、配偶者を決定した」ことは、「当事者の意志を無視して結婚が行われたり、恋愛結婚がいまだに罪悪視されたりしている今日」、皇室の「革命」だと論じた。

厚子内親王の結婚では、皇女が、都を離れて遠くに降嫁するのは「幕末、和宮《かずのみや》東下以来のこと」とされた。第一四代将軍徳川家茂《いえもち》の正室となった親子《ちかこ》内親王（和宮）まで持ち出されたのだ（『アサヒグラフ』一九五二年一一月五日号）。内親王がはるばる岡山まで嫁ぎ、しかも、第一次産業である牧畜業従事者の妻になることが、人びとに近い場所に「降り」た象徴的な出来事として受け止められた。

婦人誌のなかには「内親王さまの地方ご定住という破天荒の記録を生んで、ここに出来上るであろう若き牧場主新夫妻の、輝かしいスイート・ホームを想像するとき、国民の誰しもが〔中略〕新たな感激に打たれるにちがいなかろう」（『主婦と生活』一九五一年九月号）、「皇族が、こんなにまで国民大衆のちかくに、住もうとなさったことが、最近あっただろうか」（『婦人画報』同年一〇月号）などの文章が見える。「岡山」「牧畜業」が、人びととの近さを示すキーワードになった。

内親王の結婚がブームと言えるほど人気になったのは、新しい結婚と暮らしの形が「私たちに近い」と感じられたからであろう。それが時に平民という言葉で表されている。

内親王はシンデレラ姫

恋愛要素が入った新しい結婚は、人びとの理想であった。『新婦人』（一九五〇年一〇月号）は、東條写真館で撮影された鷹司夫妻の記念写真を独自に入手し、巻頭カラーグラビアに掲げた。見開きの反対ページにあったのは、写真館が併設する結婚式場（東條会館）の広告であった。若い女性読者は、内親王の結婚を、自分自身の結婚と重ね合わせることができた。

豊かな生活への理想を、内親王の結婚に読み込もうとする意識もあった。敗戦のどん底か

雑誌『新婦人』（1950年10月号）が掲載した鷹司夫妻の記念写真（左頁）と結婚式場の広告

ら復興を目指した当時の日本で、二組のカップルの新婚生活は、米国的な豊かさを予感させる暮らしであり、人びとはその合理性・効率性に憧れたのである。

埼玉県朝霞《あさか》の米軍住宅を見学したとき、和子内親王は、米国式台所を見て「出来ればあんな風にしたい」と夢を語った。「電気冷蔵庫、電気洗濯器《ママ》、自動式パン焼器……いっさい電化された機械的な台所、これはすべての日本の主婦が憧れの標《まと》であるわけだが、やはり主婦となられる孝宮《たかのみや》さま〔和子内親王〕の御希望でもあるらしい」と書かれた（『婦人生活』一九五〇年六月号）。

鷹司家の新婚の台所が撮影されたこともある。「おふたりとも洋食がお好き」というキャプションと合わせ、洋風かつ文化的・効率的に見える台所であった（『主婦と生活』一九五〇年八月号）。『女性改造』（同年五月号）は、和子内親王の結婚について次のような記事を書いている。

世の若き娘たちは、満たされぬ自分たちの夢を、あなた方二人〔鷹司夫妻〕の生活（立派に実現出来る）に描いて胸をときめかせたり、ほほえんだり、—ふっと現実にかえって悲しんだりするのです。現代のシンデレラ姫、そうです。正《まさ》しく貴女はその第一人者です。何百万の娘たちが、戦争で恋人をうばわれ、家を焼かれ、親兄弟を失ったこの現代において、あなたは最大限の幸福を文字通り享受出来る人なのです。

記事は、和子内親王を「現代のシンデレラ姫」と呼んだ。この結婚は、民間への「降下婚」であるから、本来はシンデレラの比喩《ひゆ》はおかしい。だが、米国風の豊かな暮らしを享受できるという意味では、女性たちのシンデレラ願望（上昇を目指す願望）を満たし得る結婚であった。

「三種の神器」と若き内親王

厚子内親王に対しても、人びとは希望を見た。岡山の牧場内に建設された新居は総工費三〇〇万円の平屋三七坪。決して広くはないが、食堂兼居間には、マントルピース（暖炉）、ソファ……と豊かさを想像させる調度品や家具が置かれた。台所は、「近代家庭台所展覧会に出てくるような白タイル張り」である（『週刊読売』一九五二年一〇月二六日号、『山陽新

乳牛について池田隆政から説明を聞く厚子内親王　岡山市の池田牧場で，1952年4月15日　朝日新聞社

聞』一〇月一〇日夕刊）。嫁入り道具は新居に入りきらず、一部が蔵のなかに納められた。

新居は、寝室を含め報道陣に公開された。三菱製電気冷蔵庫、東芝製電気洗濯機、ビクター製電気蓄音機、シンガー製ミシン、ヤマハ製ピアノがそろっていた（『アサヒグラフ』一〇月二九日号）。まだ、テレビ放送が開始されておらず、「三種の神器」（冷蔵庫、洗濯機、白黒テレビ）のうちテレビが足りないものの、電化生活が想像できた。ちなみに、暮らしの豊かさを示す「三種の神器」という流行語が、皇室にちなんだ言葉であるのは偶然ではない。豊かさや生活改善が想像されるとき、皇室が参照されたのである。

厚子内親王は短大家庭生活科を卒業し、家庭・台所での生活科学に詳しいとされた。地元、岡山大学学長の清水多栄《しみずとみひで》（生化学）は、米食一辺倒だった日本人の食生活は変わるべきであり、牛乳・バター・肉類の需要が増えるとき、池田牧場に厚子内親王を迎えることは「大きな喜び」だと論じた（『山陽新聞』一〇月一〇日夕刊）。皇族の結婚が、人びとの生活改善と結び付いている。

二人の内親王とも、夫の実家ではなく、独立して夫婦だけの新居に暮らし始めた事実も興味深い。鷹司家の場合は戦前の邸宅が戦災で焼けたため、池田家の場合は両親が東京に離れて住むという事情による。だが、両親と同居しない核家族という形も新しさを感じさせた。

「私は一介の日本国民」

一方、宮内庁と新カップルは、質素をアピールしようとした。和子内親王の結婚で、新居が渋谷区千駄ヶ谷《せんだがや》にある元社長宅の洋館に決まったと報じられたことがあった。これに対し、鷹司自身が『朝日新聞』（一九五〇年三月七日）の投書欄で「六〇〇〇円ベースの一サラリーマンが八〇坪もの大邸宅に住まえるとお思いですか。〔中略〕私はいうまでもなく一介の日本国民にすぎぬのです」と苦言を呈した。中古住宅とはいえ、庶民感覚から懸け離れた大きな洋館に住むことは、人びととの近さを考えると好ましいイメージではなく、わざわざ投書欄で主張したのだろう。

結局、新居は同じ千駄ヶ谷に宮内庁幹部が持つ土地に新築されることになった。侍従の入江は「新生活の上で簡素一点張りの裏付があればそれで〔新築で〕よかろう」と記す（『入江日記』四月二〇日条）。宮内庁にとって、新生活は質素に見える必要があった。結婚式の二日前、和子内親王の家財道具がトラックで仮の住まいに到着したが、最後部に積まれたのは、庭ボウキと塵取《ちりと》りであった。平民らしさが撮影されることを意識したのであろう。

厚子内親王の結婚についても、「タンスは、今までお使いのものをけずりなおしたり衣裳《いしょう》も一部新調のほかはすべて母君皇后さまのお古を再生」するなど、「何事も簡素に」との方針が強調された（『毎日新聞』一九五二年九月三日）。結婚当日、皇居から光輪閣への車列でも、講和条約が発効し独立を回復したのだから、荘厳な馬車列にすべきだとする意見もあった。「戦時中または終戦後における先例にとらわれず皇族としての御列を整えるべき」だとの考えである。しかし、結局、和子内親王のときと同じ簡素な自動車列となった（「入内《じゅだい》の儀御列伺」）。

高額一時金への批判

一方で質素を強調しながら、現実には豊かさを予感させるというズレがあった。そのギャップから贅沢《ぜいたく》批判が持ち上がる。

たとえば、鷹司夫妻の新居建設費は二〇〇万～二五〇万円だとの見方があり、「住宅難のいまどき怪《け》しからん」との投書が新居に届いた（『アサヒグラフ』一九五一年四月四日号）。

さらに、和子内親王の皇籍離脱に伴う国からの一時金は四八七万五〇〇〇円であり、戦死者一万人分の手当と同額なことに「あいた口がふさがらない」との批判も出る（『読売新聞』一九五〇年三月二八日夕刊）。一時金は結婚当日、小切手で支払われ、帝国銀行木挽《こびき》町支店の新しい鷹司和子名義の口座に預けられた（内親王は結婚するまで個人の銀行口座は保有していない)。高額の一時金の行方が興味深く見守られた。

厚子内親王の結婚では、豪華な嫁入り道具が、庶民には手が届かないイメージを付け加えてしまう。朝鮮戦争の影響から当時の実質経済成長率は一〇%を超えた。豊かになった分、人びとは豪華さを読み取った。花嫁道具についても「「万事簡素に」整えられたとはいえ、庶民にはやはり眼の毒になる品物」が多かった(『アサヒグラフ』一九五二年一〇月二九日号)。人びとは当初、「私たちと同じ」という平民性を見たが、それは逆に批判をも生んでしまう。

旧皇族たちの離婚

同じ時期、旧皇族たちの結婚の虚構性が暴かれていったことも重要である。一九五一年には、華頂《かちょう》華子(もと閑院宮《かんいんのみや》華子女王、四二歳)の離婚が話題になった。前章で見たとおり、華子は秩父宮雍仁《やすひと》親王の妃候補となった旧皇族である。大正末年に、伏見宮家出身の華頂博《ひろ》信《のぶ》王と結婚した。

『毎日新聞』(一九五一年八月九日)は、社交好みの華子と、学究肌の夫の性格の相違が原因で二人は別れ、旧皇族としては初めての離婚だと報じた。夫の華頂博信は『毎日新聞』(八月二二日)に手記を寄せる。そこには、自宅のクローゼット・ルームで、華子と別の男性との情事に遭遇してしまったことが離婚の直接原因であったと書かれた。衝撃的な記事である。

二人をよく知る旧子爵の武者小路公共《むしゃのこうじきんとも》（元宮内省宗秩寮《そうちつりょう》総裁）は「昔は貴族階級には夫唱婦随ということが現実に行われていたが実際の気持の上では〝貴族の義務〟に縛られていた面があったことは事実だ。終戦後そうした貴族の義務などという世間体をはばかる必要もなくなり、ごく自然な成行から離婚された」と述べる（『毎日新聞』八月九日）。

もうひとり、閑院宮春仁《はるひと》王の妃であった直子《なおこ》（四八歳）の別居が一九五七年、メディアを騒がせた。直子はさらに一九六一年、『婦人倶楽部』（一月〜四月号）に手記を連載し、夫春仁王の同性愛という性的指向のため、大正末年に結婚した夫婦の性関係は二年あまりで終了したと告白した。直子によると、陸軍軍人として満州に赴任した際の当番兵を寵愛《ちょうあい》した夫は、戦後、この男性を呼び寄せ、家の敷地内に住まわせていた。妻として顧みられていないと主張する手記のサブタイトルは「皇族の名誉と栄光のために過ごしてきた偽れる愛の半生記」であった。二人は泥沼裁判のうえ、一九六六年に協議離婚した。

自由意思が許されなかった皇族の婚姻だからこそ、離婚のような結果になるという感慨を抱かせるエピソードが続いていく。「偽れる」結婚から「解放」された旧皇族の女性たちは「真実の愛に殉じた」などと報じられたのである。旧皇族の離婚が耳目を集めるのは、内親王の結婚が寿《ことほ》がれる現象と表裏の関係にあった。一夫一婦が確立すると、綻びが密かに語られるのと同じ構図である。

理想の基準点

日本の政治的独立や経済的復興を実感するとき、人びとが、理想の基準点として参照したのが皇室であり、昭和天皇の二人の内親王はまさにそうした時代に、ちょうど結婚適齢期に達した若き女性皇族であった。

彼女たちは、人びとを啓蒙するには適した存在となった。「お見合い」であっても、十分な交際を経て結婚するのが民主的だという規範を受け入れた人びとが、皇室の結婚にも、恋愛（＝自由意思＋交際）を読み込んだ。同等性に配慮した配偶者選びであったにもかかわらず、人びとはその事実には目を向けず、あえて平民性を見ようとしたのである。

一九五〇年代末、突然現れるように見える正田美智子も、この章で述べたような文脈に位置付けられる。次章は、美智子がどのように登場したのかを詳しく見ていく。

第5章

美智子さまは恋愛結婚だったか

明仁《あきひと》皇太子（現上皇）と正田美智子（現上皇后）の婚約は一九五八（昭和三三）年一一月二七日に発表された。〈二人は、皇室の長い歴史のなかで初めて恋愛結婚をし、天皇制を劇的に変えるカップルであった――〉。こうした「美智子さま神話」が、いまも繰り返される。

世には多くの「美智子さま本」が出回っており、結婚までの経緯を詳しく述べている。渡辺みどり『美智子皇后の「いのちの旅」』、佐伯晋《さえきすすむ》『元「お妃選び班記者」の取材ノート』、織田和雄『天皇陛下のプロポーズ』が代表であろう。いずれも、記者や友人としての経験をもとに執筆したが、自らが見聞きしていないことは、当時、流布した情報、主に新聞報道に基づく。この点で、「美智子さま本」は、半世紀以上前の報道の限界から脱し切れない弱点を持つ。二人と同世代によって書かれた事実と合わせ、この結婚に「恋愛」「平民」を見ようとした当時の人びとの願望が反映されているのだ。

これを相対化するには、一次史料を参照する必要がある。そこで田島道治、鈴木菊男といった当時の機密を知る宮内官僚の日記・回想などを使って、神話のもととなった事実をいま一度、確認していく。

本題に入る前に、宮内庁で選考に当たった人物を確認する。美智子が候補に挙がった一九五八年春の段階で、最高責任者は宮内庁長官の宇佐美《うさみ》毅《たけし》であったが、実質的な主導役は、東宮職《とうぐう》（宮内庁で皇太子を管轄する部署）御教育常時参与であった小泉信三《こいずみしんぞう》である。このほか、前宮内庁長官の田島道治も、重要な役割を果たす。これに、東宮職トップ（東宮大夫《だいぶ》）の鈴木菊男と、東宮侍従黒木《くろき》従達《じゅうたつ》が加わる。この五人を「選考チーム」と呼ぶ。美智子さま神話は、いくつかの要素から成り立つ。それは、以下の四点にまとめられる。

1　美智子が唯一の候補でほかの候補はいなかった。
2　一九五七年八月の「テニスコートの出会い」から、明仁皇太子は一貫して美智子との結婚を望んでいた。
3　美智子を皇太子妃候補とするよう明仁皇太子自身が提案した。
4　結婚をしぶる美智子に対し、明仁皇太子が独力で説得し承諾を得た。

こうした神話は誤りであるか、事実の一部を誇張しているかのいずれかである。以下でそのことを示していく。

1　皇太子妃、最初の四候補

戦前踏襲の当初選考

正田美智子が決まる以前、四人の別の皇太子妃候補がいた。彼女たちが詳しく語られる例は少ない。美智子が皇太子妃と決した以上、前史を蒸し返しても意味がないと考えられた。皇室に失礼だ、という意識もあるだろう。だが、美智子以前の検討は重要である。宮内庁の考え方の変遷をたどれるためである。候補のなかには、決定寸前の女性もいた。

宮内庁は一九五〇（昭和二五）年度、明仁皇太子の妃についての検討を開始した。皇太子は高校二年生。田島の日記には「皇太子妃候補名簿の件」と出てくる（一九五一年二月一九日条）。日記はこの二年後（一九五三年八月二四日条）、「北白川、徳川義寛《よしひろ》、島津忠承《ただつぐ》、島津久大《ひさなが》etc.」と具体的な名前を挙げた。それぞれ、故北白川宮永久《ながひさ》王、旧男爵の徳川義寛、旧公爵の島津忠承、その弟の島津久大を指し、この四人の娘たちが、検討の俎上《そじょう》に載せられたことがわかる。皇族の故北白川宮と、旧公爵の島津家（玉里家）の二人は、戦前の「同等性の原則」から見れば、同心円の内側に属する。

その点から見ると、徳川義寛の名は目立つ。旧男爵と家格は華族の最低位である。もっとも義寛の父徳川義恕《よしくみ》は、尾張《おわり》徳川家（侯爵）出身であり、分家たる男爵家を興した。その意味では侯爵家出身と見てもいい。秩父宮および三笠宮の妃選考時は「子爵以上」と同等性の枠を緩めたが、ここではまず、「侯爵以上」をピックアップした。

この時期の作業は、資料づくりの域を出なかった。準備段階に過ぎず、具体名が煮詰まったわけではない。妃選びが本格化するのは一九五五年春である。

王冠を賭けた恋

ここで、メディア報道を見ていく。『読売新聞』『朝日新聞』は一九五一年七月二九日、宮内庁幹部が皇太子妃選考の下準備を始める旨を報じた。このうち『読売新聞』は、選考範囲について、皇室親族令（皇室婚嫁令の後継令）が廃止された戦後、伝統保持と民主化の間で宮内庁が悩んでいると書く。同紙は、ある皇族の指摘にも触れた。皇太子が自分で妃を選べないのは、基本的人権をさえ無視する非民主的な措置であり、もし選定後に皇太子に恋愛問題が起こった場合はどうするのか、と述べるものだった。進歩的発言が多かった三笠宮崇仁《たかひと》親王の談話であろう。

この発言は、英国のエドワード8世の「王冠を賭けた恋」を下敷きにしている。エドワード8世は一九三六年、退位して、離婚経験がある米国人女性、ウォリス・シンプソンと結婚した。恋を優先した国王の選択は、戦前の日本でも大きく報道された。新生日本でも、皇族の婚姻の自由が問題になると、三笠宮は訴えたかったのだろう。

「オッパイの大きく張った……」

『読売新聞』『朝日新聞』をきっかけに、皇太子妃をめぐる報道は過熱する。より自由に記事を書けたのは雑誌であった。「全世界の注目！　皇太子様は結婚の御相手にどんな女性をお好みか？」（『スタイル』一九五三年二月号）、「皇太子は瓜実顔《うりざね》がお好き」（『人物往来』同年七月号）などの見出しが並ぶ。定番は、候補とされた良家の娘たちの写真を並べるグラビアだった。いずれも旧華族の女性で、従来の通婚範囲内の選考が示唆された。

一方、皇太子の恋愛の可能性を論じた記事も少なくない。『婦人生活』（一九五一年一〇月号）には、次の文章が見える。「もしかしたら、私も未来の皇后陛下になれるかもしれない。結婚適齢期にある皆さんは、ふとこんな夢を抱くことが出来るほど、いまは新しい時代になっている。シンデレラの物語のように、心やさしいお嬢さんのところに、王子さまのお妃選びの幸運が訪れはしないかしら……」。大衆誌『平凡』（一九五六年八月号）に至っては、「血縁関係のある人との結婚はいやだな。現代的で美しい、オッパイの大きく張った健康的な女の人がいい。胸の貧弱な女性なんて全然ミリョクがないよ」と述べる明仁皇太子の言葉を紹介した。記事のタイトルは、「プリンスは青山京子さんがお好き」であった。青山は、当時人気の映画女優である。

ドイツの公国の王子が、酒場の娘と恋に落ちる「アルト・ハイデルベルク物語」を引き合いに出す記事も多かった。ドイツ戯曲で、戦前に築地小劇場や宝塚少女歌劇で上演された人気作だ。皇室の恋の可能性を、かなり自由に論じられるようになったのである。

巷《ちまた》の話題を受け、明仁皇太子の結婚は国会でも議論になった。自由党衆議院議員の原健三郎《はらけんざぶろう》は、予算委員会の席上、「八五〇〇万の全国民のなかからお選びになられる方が、優生学的に見ても、あるいは皇室の弥栄《いやさか》から考えても結構であろう」と発言した（一九五三年二月一二日）。「新時代の皇太子妃は『平民』から」との期待と、それに対する懐疑のなかに、妃選考はあった。

なお、戦後に身分制は廃止されたが、平民の語は使われ続けた。これを言い換えたのが「民間」という言葉だが、平民の語が依然として親しまれていた。

気配を察した第一候補

一九五五年春に妃選考が本格化するところに話を戻そう。明仁皇太子はその翌年春、聴講生としての大学通学が終了する予定であり、皇族活動の本格化が考慮された。皇太子は二一歳。この年齢からの妃選び始動は、戦前と比べるとかなり遅い。実は、皇太子は大学二年時の欧米訪問のあと結核を患った。まずは療養が重要であり「そう御成婚を急がなくても」との考え方があった（「鈴木菊男回想」）。

最初の候補はすぐに浮上する。徳川御三卿《ごさんきょう》である田安《たやす》徳川家の長女（以下、「徳川令嬢」）

であった。一九五五年五月一七日、田島の日記に、初めて「徳川令嬢」が出てくる。彼女は、東京女子大学二年生であった。

一〇月九日、田島は小泉と会談した。小泉は「Count T そこまで来れば調査の上、よき時に覚《おぼ》せば〔宇佐美〕長官の責任」とまで言った。Count とは伯爵のことであり、T 伯爵の娘（徳川令嬢）を調査して宇佐美の責任で進めればいいという意味である（「田島日記」）。

ところが、この話は、直後に急にしぼんでしまう。宮内庁の動きに気付いた田安徳川家が急遽、娘の縁談話を進めてしまったためである。「徳川令嬢」の婚約は『毎日新聞』（一九五五年一二月一一日）にスクープされた。最初の候補は、気配を察知した相手方の婚約により消えた。

第二候補は学友の妹

選考チームはめげなかった。一九五六年、二人目の候補の検討を始める。明仁皇太子の学友（同級生）、大久保忠恒《おおくぼただつね》の妹であった。彼女はこのとき、聖心女子大学二年生。「田島日記」にはOとして登場する。

一九五六年夏、明仁皇太子は静養のため軽井沢に滞在していた。田島と小泉は、皇太子の常宿、千ヶ滝《せんがたき》プリンスホテルに向かった。皇太子は仲間たちとテニスに興じ、そのなかにOがいたため、彼女を観察しようと考えたのである。この結果を田島は「Gesicht《ゲズィヒト》中、その他も失望す」と書いた(「田島日記」八月二三日条)。Gesichtとは、ドイツ語で顔のことで、容貌が期待外れで失望したという厳しい印象であった。しかし、その後、選考チームは、Oの話を進める方針で一致する。

大久保家は戦前、家格が子爵であった。同等性を子爵まで広げた戦前の通婚制限緩和路線の延長にも見えるが、大久保家はもともと幕府旗本の家柄である(曽祖父の大久保一翁《いちおう》は、江戸開城に尽力するなど幕末史に登場する人物)。その意味で、秩父宮妃の会津松平家、三笠宮妃の高木家と比べると見劣りがする。会津松平家は二三万石の大名家、高木家も小さいとはいえ河内丹南藩《かわちたんなん》の旧藩主家である。Oの父親は同和鉱業重役であったが、次男(分家)であり、旧子爵家の跡取りでもない。

家柄以上に注目すべきは、自然な出会いと交流からの妃選びという新路線である。Oは明仁皇太子とテニスをする仲で、自然な交流があった。選考チームは、「出会いと交流」路線と呼ぶべき新たな方向を打ち出したのである。

宮内庁は時間を掛けてOの調査を進めた。そして、一九五七年四月八日、正式に縁談を申し入れる。大久保家を訪れた田島は、「経済上の心配無用」「皇室会議〔の〕手続ある故《ゆえ》、可《か》成早《なり》く」と決断を急《せ》かした(「田島日記」)。

ところが、大久保家は申し入れを断る。父親は、宮内庁に対し、光栄には思うが、辞退したいと告げた。「一家スキーにも行く。離れるのはいや」との理由だった(「田島日記」四月一七日条)。皇室の自由のなさへの懸念である。婚約寸前だった第二の候補も消えた。

戦後版「宮中某重大事件」か

続く三番目の候補が出現するのは、一九五七年秋だ。田島、および東宮大夫鈴木の日記にはKとして記録される。一〇月二一日、小泉邸に、選考チームが集まる。田島の日記には、「小泉、黒木は東宮〔明仁皇太子〕の御希望に副《そ》わんとK即決の様子。小生は元来Kよろしと思い、Oなどは余り賛成せざりし故《ゆえ》、K大いに賛す」と記される。小泉だけでなく、田島もKに大賛成していた。

Kが誰なのか、断定できないが、旧皇族の北白川肇子《きたしらかわはつこ》（当時高校三年生）の可能性が高い。推測が正しいとすると、宮内庁は、良子女王を選んだ裕仁《ひろひと》皇太子（昭和天皇）妃選考のときと同じ「同等性の原則」路線に戻ったことになる。そして年末から年始にかけて、K家に意向が伝わった。

しかし、最終局面で、話は急転換する。一九五八年正月早々、Kの家族の男性（「鈴木菊男日記」では「K君」）が、Kの家系に色覚障碍《しょうがい》があり、結婚に問題があるとの見解を宮内庁に伝えたからだ。色覚障碍の問題は、大正期の宮中某重大事件と同じだった。

宇佐美は一月一五日、Kの調査の過程で問題を見逃した自身の責任に言及する。調査不備の責任をとって辞職するとまで田島に口にした。「田島日記」によると、このときの宇佐美の言葉は「color b のことは、やめだなー」である。color-blindness、すなわち色覚障碍の件は「やめ」（辞職）に値すると宇佐美が口走った。展開によっては、戦後版の宮中某重大事件にまで発展しかねない事態である。

三日後（一月一八日）、田島と小泉が会談し、宇佐美の辞任回避で意見が一致した。この日のうちに、辞意も撤回された。ただ、宮内庁長官が一時とはいえ、辞意を表明する事態が起きたことは重要である。三番目の候補Kも消えた。

騒動のなか選考チームは短期間であるが、Hという四番目の候補を検討した。鈴木は一九五八年一月一〇日、Hの資料を宇佐美から入手する（「鈴木菊男日記」）。Kが難しくなった事態を受けて、すぐに動いたのだろう。Hは、学習院大学教授林友春《はやしともはる》の長女である（当時高校三年生）。元宮内大臣牧野伸顕（故人）の曽孫であり、また元首相吉田茂から見ると妻の大《おお》姪《めい》（姪の子）であった。林家は旧伯爵であったが、長州《ちょうしゅう》藩士の家柄であり、やはり大名家でもない。重要だったのは、Hは明仁皇太子とテニスをする仲であることだ。Oと同様、「出会いと交流」路線から浮上した。

ところが、林家は、やはり宮内庁の動きを察知して、Hの婚約を急遽決める。またも、候補は消えてしまう。

「出会いと交流」新路線

ここまで、美智子が現れる前の四候補を見てきた。二番目のO、三番目のKのように決定までもあとわずかな候補もいた。美智子以外の候補に決まる可能性も十分にあった。

重要な点は、「出会いと交流」を重視する新路線の出現である。明仁皇太子の周囲の女性から選ぼうという志向だった。新時代の皇室を期待する世論を意識した面はあるだろう。

この節の最後に、正田美智子の縁談についても触れておく。美智子は一九五七年三月に大学を卒業した。それ以前から、若い男女の交流の場であった建築学者竹山謙三郎《たけやまけんざぶろう》が主催する「竹山パーティー」に参加しており、竹山によると、縁談（結婚申し込み）が多くあった（「正田美智子さんのこと」）。学究タイプの男性が希望であったという。美智子の母冨美《ふみ》は、学者の生活は苦しいので、「有望な学者に嫁がせたい」と話していた（「世紀の生んだ才女美智子さん」）。竹山パーティーで、男性とダンスする写真が、婚約発表時の雑誌に掲載されたこともある（たとえば『サンデー毎日』一九五八年一二月七日号）。縁談話がある程度まで進んだこともあったが、希望に合う相手がおらず、時間が経っていたのが実情であった。

2　正田美智子の登場

偶然だったコンクールの美智子写真

明仁皇太子と正田美智子の結び付きを恋愛と見る従来説は、一九五七（昭和三二）年夏のいわゆる「テニスコートの出会い」から婚約までを一直線に連続するものとして描く。しかし、本章をここまで読めば、これは曲解だとわかるだろう。すなわち、一九五七年秋の段階で候補Kが検討されており、選考チームも、皇太子自身も、美智子を妃候補として意識していなかったからだ。美智子の浮上は従来説が考えるよりずっと遅い。

一九五七年八月一九日、軽井沢会主催のテニス大会で、明仁皇太子と妹貴子《たかこ》内親王（清宮《すがのみや》、のち島津貴子）のペアは、たまたま勝ち上がってきた美智子およびカナダ人少年のペアと対戦した。この軽井沢での対戦が、しばしば恋愛の出発点に位置付けられる。いわゆる「テニスコートの出会い」である。美智子のプレーの粘り強さに強い印象を持った皇太子は、その気持ちを恋愛感情に発展させ、翌年一一月の婚約発表につながったと描かれる。

最初の出会いから六日後の八月二五日、軽井沢の別のテニスコートのトーナメントで、明仁皇太子は、貴子内親王と美智子の対戦を観戦した。さらに、一〇月二七日、東京都調布《ちょうふ》市飛田給《とびたきゅう》の日本郵船テニスコートでは、美智子と初めてダブルスを組んで試合に臨んだ。皇太子のテニス仲間の会に美智子が呼ばれたためだ。二回目のテニスである。この際、皇太子が美智子の写真を撮影し、年末に東宮仮御所で開かれた職員写真コンクールに出品した。この事実も、皇太子が美智子に好意を持った証拠として言及されることが多い。

しかし、明仁皇太子が美智子を撮影したのは、コンクールに出品する写真を撮る必要に迫られたためだ。コンクールは宮内庁担当記者の目にも触れる。もし、美智子が妃候補であったならば、鵜《う》の目鷹《たか》の目の記者たちが見る場所での題材にするだろうか。皇太子が美智子の写真を出品したのは彼女を皇太子妃候補と考えたからではなく、偶然である。

画期的な大学・高校への推薦依頼

妃選びは、一九五八年春の段階で袋小路に陥っていた。そこで、選考チームは、新たなやり方を模索する。

第一に、宮内庁参与であった松平信子（秩父宮勢津子妃の母）に、候補推薦を依頼する案があった。松平は、女子学習院の同窓会組織、常磐会《ときわ》の会長を務めており、妃選考では意図的に外されていた。守旧派として旧態依然の候補を推薦すると予想され、選考チームに忌避されていた。これを覆し、松平に相談する案が浮上したのだ。

一九五八年二月二七日、小泉は、東宮大夫の鈴木と「松平信子夫人の件」を話し合っている（「鈴木菊男日記」）。三月一日、宮内庁長官邸に選考チームが集まり、松平問題を話し合った。田島は、「松平夫人に、候補者なきやと聞く説、必しも賛成せず」（「田島日記」）という態度だった。

二日後（三月三日）の夜、港区麻布広尾《ひろお》町の小泉邸に、選考チームが集合する。第一案に代わる案、すなわち、局面を打開するために、選考対象を平民にまで広げ、その手段として主な学校に極秘に推薦を依頼する案が同意された（「鈴木菊男回想」）。良家の子女が在学していそうな学校に推薦を依頼し、平民まで選考を広げる方針の大転換である。「同等性の原則」を捨て、通婚制限を大きく広げる画期的な決断を、選考チームは下した。

推薦が間違いなく依頼されたのは、学習院大学、聖心女子大学の二校だ。このほか、お茶の水女子大学、東京女子大学や、雙葉《ふたば》高等学校など名門女子高校にも依頼されたと考えられる(『サンデー毎日』一九五九年二月一五日号、『別冊週刊サンケイ』同年二月号)。

各学校の反応は早い。鈴木は一九五八年四月二日に学習院大学、四日には聖心女子大学からの書類を宇佐美から受け取った(「鈴木菊男回想」)。聖心の推薦者に美智子の名があった。

四月一二日、小泉と田島は、神奈川県大磯町での会合からの帰り、車に同乗し、美智子を話題にする。「田島日記」には「Shoda、Soyejima 調べよくば賛成いう」とある。美智子の父方の正田家(Shoda)と母方の副島《そえじま》家(Soyejima)の調査の結果がよければ賛成すると、田島は述べた。

書類が届いて一〇日も経たないうちに美智子を話題にするのは、不自然なほど早い。実は、小泉は、美智子の祖父(正田貞一郎《ていいちろう》)と知り合いだった。小泉の姉の孫が美智子の同級生だったこともあり、美智子を知っていた。聖心からの推薦リストに、既知の美智子の名があったために飛び付いたと考えればいいのだろうか。

小泉が仕掛けた報道協定

同じ時期、小泉による報道協定への働き掛けがある。メディア、とくに雑誌は、根拠のないまま旧華族の若い女性を皇太子妃候補として報道していた。候補とされた女性への迷惑行為もあった（たとえば「話題の北白川肇子さん尾行記」『平凡』一九五六年四月号）。調査するそばから候補者を報道されたら、落ち着いた選考ができない。

小泉は一九五八年四月初旬ごろから、報道各社を訪れ、皇太子妃報道を自粛する必要を説いて回る。これを受けて、日本新聞協会は五月八日、皇太子妃報道についての自粛協定を結ぶ方向で検討を始めた。新聞社としても、多額の費用と人材を費やして、競争に明け暮れて疲弊していたから、受け入れる素地はあった。日本新聞協会は五月一七日、協定の検討中は皇太子妃に関する報道をしない仮合意に達する。これ以降、予測報道やスクープは協定違反になった（新聞とラジオ・テレビの対立で本協定の成立は遅れ、七月二四日となる）。日本雑誌協会も、のちに報道自粛に協力した。

小泉のメディアへの働き掛けは、学校推薦を求めた時期と近接して始まっている。学校への依頼（選考対象の平民への拡大）と関連すると見るのが自然であろう。小泉は、自然な「出会いと交流」を結婚につなげたいと考えた。そのため、新候補との「出会いと交流」が報じられない環境整備が必要だったのである。

美智子の成績は

五月二日、選考チームは美智子の調査を始めると決した。調査は、大手の民間興信所に依頼した。その結果は、毎日新聞宮内庁担当記者が残した「藤樫準二《とがしじゅんじ》旧蔵資料」（「皇太子妃候補関係ファイル」）にも収められる。取材班がなぜ機密文書を入手できたのか、興味は尽きないが、そのことは措《お》く。分量は便箋《びんせん》一六枚。主に父方・母方の親族の記述であり、本人についてはおよそ二枚が割かれている。

調査書は「良家の子女らしい落《おち》つきと品がある」などと基本的に美智子を評価した。ただ、調査書という性格上、第三者的・客観的な記述に終始する。「頭脳は明晰《めいせき》だが俊敏緻密《ちみつ》ということではなく、智能才覚等に群を抜くほどの目立ったものは見られない」「政治、思想には関心薄い、どちらかといえば保守ブルジョワ的」……。成績についても「中の上位で終始」など辛めの評価を付けた。

たしかに、美智子の大学時代の成績表を確認すると、すべてがA（優）というわけではなく、B（良）も少なからずある。一年生前期の哲学入門、二年生前期の宗教、三年生の人類学概論はC（可）であった（『アサヒグラフ』一九五八年一二月一〇日緊急増刊号）。「成績はトップクラス」などと報じた当時の報道とは温度差がある（『中部日本新聞』〈一一月二七日夕刊〉の見出しは「大学は首席卒業」）。

記者が取材に来れば、美智子を知る人は「成績はトップクラスだった」と答えがちである。

報道には、期待を込めてものごとを眺めようとする同時代人の願望が投影されてしまう。

昭和天皇の躊躇

五月下旬、宮内庁長官の宇佐美は、選考範囲を平民まで広げ、通婚制限を大幅緩和すると、昭和天皇に報告した。「〔旧皇族・旧華族の間では〕遂に適当な人を見付け得ないので、更に其《その》範囲をレスペクタブルな家に迄《まで》、広げざるを得なくなった」（『木戸日記』一九五八年六月一三日条）と説明された。「レスペクタブル（respectable）な家」（立派な家）とする表現は微妙な物言いである。通婚制限は緩和するが、無制限に拡大するわけでも、誰でもいいわけでもない、との言い訳にも聞こえる。

これに対し、昭和天皇は「理論としては了解出来る」としながら、即答は避け、元首相吉田茂と元内大臣木戸幸一の考えを聞くように指示した。戦前で言えば元老級の人物に「御下《ご》問《かもん》」し、慎重審議を求めたのである。昭和天皇は、生物学（遺伝学）の視点から、近親結婚の回避が望ましいと考えた。このため、美智子の皇室入りに賛成したと書く書物が多い。しかし、「木戸日記」の記述から、逆に通婚制限の緩和に慎重だった姿勢がわかる。松平節子（秩父宮妃）のときと同様、昭和天皇は再び、「平民妃」に慎重姿勢を示した。この事実は、これまで指摘されたことがない。

小泉は六月四日、吉田を訪問し、美智子の名前を出さず、選考範囲を平民に広げると説明した。吉田は平民妃には反対であった。吉田の反応について、明仁皇太子の家庭教師であったエリザベス・バイニングの関係文書（米国ハバフォード大学図書館所蔵）に、小泉がのちに彼女に話した内容が記される。残念ながらバイニング関係文書は現在、引用が許されていない。

結果から見ると、吉田はどこかのタイミングで同意したと考えられる。吉田には弱みがあった。縁者に当たるHが、皇太子との縁談を忌避した過去である。「吉田さんのご親戚の娘が断ったから、こういう事態になった」と責められれば、反論しづらい。

一方、木戸は最初から平民妃に同意した。小泉が訪ねたのは六月一三日。木戸は「現実の問題として、ふさわしい人が従来の銓衡《せんこう》範囲ではないと云《い》うことであれば、やむを得ないのではないか」と答えた（「木戸日記」同前）。

祖父の後妻「問題」

六月二一日、興信所の調査が終わったことを受け、小泉邸で選考チームの協議が行われた。「田島日記」には、「小生（田島）、Mutter《ムッター》のこと、いやなことという。但《ただ》し、衆議賛成なら固執せずという。母方系統、小生、興信所のみにて止まるのは心中どうかと思う」とある。Mutterとはドイツ語で母のことだ。田島は、母方系統（副島家）をもっと調べたほうがよいと考えた。興信所の調査書のなかで、副島家関係のマイナス面は、美智子の祖父（副島綱《そえじまつな》雄《お》）の後妻の生活態度が堅実性に欠けるとされた点である。ただし、この後妻は、祖父が戦時中に亡くなったのち、副島家から縁を切られたから、田島の懸念がこの後妻にあったかどうかはわからない。

吉田が平民妃に消極意見を述べ、田島にも懸念があったものの、選考チームは美智子で進める方針で一致した。

ここまで美智子が皇太子妃候補として浮上した経緯を見てきた。従来の「同等性の原則」と訣別《けつべつ》する決断は選考チームが下したことが確認できたであろう。

3　テニス交流はデートだったか

美智子を選んだのは誰か

正田美智子は選考チームの主導で選ばれた。それにもかかわらず、「明仁皇太子が自分の意思で美智子を選んだ」と受け止められるのはなぜだろう。

明仁皇太子ともっとも仲がよかった徳川義宣《よしのぶ》の説明を見ていきたい（徳川義宣寄稿）。「美智子さま神話」が広く信じられるようになるのも、徳川ら学友の説明による部分が大きい。

徳川は婚約直後、共同通信社に寄稿し、婚約までの経緯を説明した。徳川は次のように述べる。

冬を越え、殿下〔明仁皇太子〕と正田さんは会う機会もなく、また積極的に会おうという動機もまだ生まれていなかった。冬も過ぎて何かの話のおりに正田さんの事が話題に上ったとき、殿下は初めて自分の妃候補として彼女を思い返してみたそうだ。考えてみれば自分の理想にかないそうな人だと思いついて、いろいろくわしく事情を調べるよう手配させ、自分の気持もはっきりさせる事ができたので、この人こそと一本ヤリに決めこんだのだそうだ。

（『防長新聞』一九五八年一一月三〇日）

明仁皇太子が美智子をふいに思い返したと、徳川は解説する。皇太子が「正田さんも調べてみたら」と軽く示唆したとする報道もなされ（『週刊朝日』一九五八年一二月一四日号）、美智子を選んだのは皇太子自身であると長らく語られてきた。

しかし、実際は、各学校からの書類や写真を見ているとき、そこに美智子を見付けたのではないか。毎日新聞記者の藤樫準二が、東宮侍医の佐藤久《さとうひさし》から聞いた話によると、明仁皇太子は各学校から来た写真を「これは丸顔だね」などと側近と話しながら書類をさばいていた（『毎日新聞』一九九六年一〇月一日夕刊）。想像するに、美智子が見いだされた経緯は、次のようなものではないか。すなわち、聖心女子大学の推薦リストのなかに、前年にテニスをした美智子があった。皇太子は、粘り強いプレーや、意見をはっきり言う性格を思い返し、彼女も妃候補になると考えた――。

小泉は、のちに「殿下〔明仁皇太子〕のみる所と、われわれの意思が一致したのだが、どちらかといえば、われわれの方が先だった」と述べた（『週刊朝日』一九五八年一二月一四日号）。学校推薦の候補のなかから、美智子をピックアップしたのは選考チームが「先」であったと小泉は強調する。黒木もまた、決定権は選考チームにあったと証言した。「〔皇太子は〕宮内庁の我々、事に携わる者たちの客観的な調査をまたれ、果たしてご自身の中に芽生え始めたお気持ちが許されるものであるか否かをお確かめになったのであった。もしこの時お相手の方が妃殿下に適《ふさわ》しくないとの結論が出たとしたら殿下は恐らく断念なさったと私は思う」（黒木従達回想）。皇太子の意思より、選考チームの意向が優先した。

皇太子と宮内庁の共同作業

徳川の寄稿には、もうひとつ重要な事実が述べられている。つまり、明仁皇太子が、美智子を「一本ヤリ」と決めて以降、「一つの目的のために方針は決められ、五月にテニス大会があった時を利用し、殿下はその後の再会の場所、時間などまで決められた」との一節である。「五月のテニス大会」は一九五八年五月四日に調布市の日本郵船コートで行われた。皇太子の仲間がつくった「ルプスの会」が主催した。ルプスとはラテン語で狼《おおかみ》を意味する。皇太子の学友たちが結婚適齢期となり、テニスを通じた相手探しを行う会だった。いまで言えば、婚活サークルであろう。

徳川の説明では、明仁皇太子自身が「再会の場所、時間」を決めたことになっている。しかし、宮内庁選考チームとの連動に注目すべきだ。少なくとも小泉と黒木は四月中には美智子を皇太子妃候補とする腹を決めていた。調査と同時並行で「出会いと交流」の場を設けようとしたのではないか。つまり、皇太子が独力で場所と時間を決めたのではなく、選考チーム、とくに黒木と相談し、美智子を誘う状況を考えた。半年ぶりの再会は、皇太子と小泉・黒木との共同作業であった。

一緒のテニスの回数は……

徳川は「それから後は大体一週に一回ぐらいの割りで〔明仁皇太子は美智子と〕テニスクラブで顔を合わせ話をし、親しくなることに努められた」と続ける。「テニスクラブ」とは、麻布の東京ローンテニスクラブ（以下、東京ローンクラブ）である。徳川は、週一回という頻度で交流したと証言した。しかし、交流がそれほど頻繁であったかは疑わしい。

東京ローンクラブでのテニスは、結婚前のデートのように受け止められている。皇太子は以前から会員であり、美智子は五月一五日に会員となった。美智子はなぜ、都合よくテニスクラブに入会したのだろうか。

おそらく、次の誘いが用意されたからだろう。当時、東京五輪の前哨《ぜんしょう》戦として第三回アジア競技大会（五月二四日〜六月一日）が開催直前だった。そこにイラン皇弟来日の予定があった。国際親善を兼ね、テニスを趣味とする皇弟と皇太子が一緒にプレーする計画が持ち上がる。皇太子は妹の貴子内親王とペアを組むため、イラン皇弟にも女性ひとりが必要になった。そこで美智子が誘われた。「英語もテニスも堪能だから」と理由を付ければ接伴《せっぱん》役を頼みやすい。「練習をするから」との名目ならクラブへの勧誘も不自然ではない。

東京ローンクラブに入会した美智子は五月二一、三一日の二回、皇太子とテニスの練習をした（以下、テニスの日付は「織田和雄日記」を参照した）。六月一日にイラン皇弟との親善テニスがあり、美智子は予定どおり接伴役を果たした。皇太子と美智子のテニスは、前年を含めここまでで計六回となる。

イラン皇弟の接伴が終わっても二人は東京ローンクラブでテニス交流をした。六月九日は確実である。しかし、その後のテニス交流はそう頻繁ではない。明仁皇太子は六月二三日〜七月一〇日までの一八日間、北海道行啓に出掛け、七月一八日〜二五日は葉山御用邸で静養した。この間、物理的にテニスはできない。七月一六日に美智子を誘ったテニスが計画されたが、テニス仲間である織田の連絡ミスで実際は流れた（『天皇陛下のプロポーズ』）。七月に二人がテニスをした形跡はない。

明仁皇太子は八月一日、静養のため軽井沢に移動し、美智子も八月三日、同じく軽井沢に移動した。軽井沢のテニスの場で二人が会ったのは、おそらく二回だ（八月七日、一〇日）。

八月一三日、皇太子の学友の別荘でのパーティーで、皇太子と美智子がダンスを踊った事実も確認される。しかし、これが、婚約発表（一一月二七日）までに、二人が会った最後であった。その後、三ヵ月半、二人は一度も会っていない。

婚約発表までのテニスの交流は、一〇回を少し超える程度であろう。徳川の言う週一回の頻度は、誇張した言い方だ。

そもそも美智子は明仁皇太子との結婚を意識していなかった。純粋に皇太子とテニスの練習をしただけである。逆に、結婚をまったく意識しなかったから、気軽にテニスができたのだ。テニスは二人きりのデートでもないし、結婚を前提にした交際でもない。

徳川ら学友の証言は、恋愛を過度に物語化する。スポーツを通じて距離を縮めたとするストーリーになっている。

ツーショット写真の裏側

一九五八年八月に軽井沢で撮影された「ツーショット」写真も、二人が親密に交流した印象を与えるが、果たしてどうか。仲よく並ぶように見えるが、実際は間に男性ひとりがいる。偶然、仲よさそうに撮影されたショットに過ぎない。

明仁皇太子はその年の夏、軽井沢で友人・知人多数と頻繁にテニスをした。そこには多くの女性がいて、美智子もそのひとりであった。新聞社は、皇太子周辺にいる女性を片っ端から撮影した。毎日新聞記者藤樫の旧蔵資料（「皇太子妃候補関係ファイル」）のなかには、同紙がこの年、軽井沢のコートで撮影した若い女性のリストが残り、二五人もの名前が挙がる。毎日新聞・朝日新聞の二社だけが、宮内庁が密かに美智子を妃候補として調査していると勘付いてはいたが、この二社とて半信半疑の状態であった。

選考チームと皇太子にとって注意すべきだったのは、美智子には、彼女が皇太子妃候補であると知られてはならなかったことだ。結婚が意識された途端、交流を忌避する事態が容易に想像できたからである。相手に気付かれずに、親しくなるのは難題であった。

皇太子と美智子の「ツーショット写真」 ただし2人の間に男性の足が見える．軽井沢で，1958年8月　毎日新聞社

明仁皇太子の姉東久邇《ひがしくに》成子《しげこ》（もと照宮《てるのみや》）は、皇太子と美智子の交流について、さらにシビアな見方をする。婚約発表当日のNHKテレビでのコメントだ。東久邇は「推薦されたなかに、たまたま東宮様〔皇太子〕がテニスの折々にお目に止められていた方があっ

たということは不思議な御縁だと存じます。〔中略〕長いこと、相手に気付かれないように観察なさったうえで、〔最後に〕その御決心を打ち明けられました」と説明する。美智子との交流は、彼女の適性を観察する場であったと、東久邇は位置付ける。ロマンティックさがまったくない冷静な物言いであるが、テニスデートを否定する客観的な視線であった。

4　拒絶から承諾へ

昭和天皇への説得

縁談の申し入れを受けた正田家は辞退し、美智子を長期の欧米への旅に出してしまう。これが承諾へと劇的に転換する経緯を見ていきたい。

再び、宮内庁選考チームの動きに戻る。一九五八（昭和三三）年六月二一日、正田美智子で進める方針で選考チームが一致したところまでは確認した。昭和天皇の最終的な許可（御沙汰）を待つ段階に至った。ところが、肝心の天皇からの返事が来ない。七月一五日には、昭和天皇は香淳皇后とともに葉山御用邸に静養に出掛けてしまう。

焦った小泉らは、葉山での拝謁《はいえつ》を申し出る。小泉、宇佐美、鈴木の三人は七月二三日、葉山で天皇皇后に一時間半にわたって拝謁した。美智子の資質にも、家系にも問題はないと説明する（「鈴木菊男回想」）。しかし、「御沙汰」は得られなかった。

八月七日、宇佐美は、首相の岸信介《きしのぶすけ》に現状を報告した。翌八日、小泉、宇佐美、田島が三時間会談した（藤樫準二メモ）。相談の結果、宇佐美が再度、昭和天皇に説明することになる。八月一五日、宇佐美は単独で那須御用邸に向かい、昭和天皇と香淳皇后に拝謁する。この場で、ようやく「御沙汰」、つまり美智子の話を進めることへの了承が得られた。翌日の「鈴木菊男日記」によると、鈴木は帰京した宇佐美から話を聞いた。日記には「一段落」とあり、安堵《あんど》の様子が伝わってくる。昭和天皇の了承を得るには時間を要した。

逃避の旅

これを受けて、小泉は八月一六日、軽井沢の正田家別荘を訪れ、美智子を皇太子妃候補と考えていると両親に伝えた。事実上の縁談申し入れである。意外なことに、重要だったのは、進行中の縁談話がないかの確認であった。仮に、話があった場合、昭和天皇や元首相吉田を説得した努力が水の泡となってしまう。鈴木は、「我々の最も懸念した進行中の御縁談はない」と聞き、「最初の朗報であった」と回想する（「鈴木菊男回想」）。

ところが、事態は急転換する。正田家が「事の意外に驚き、これを固辞」（『昭和天皇実録』一一月一三日条）したためだ。美智子は八月一七日にも、テニスをするように誘われていた。しかし、前日の縁談申し入れを受け、テニスの誘いを断る。繰り返しになるが、それ以後、婚約発表の日まで皇太子と美智子は一度も会っていない。

それだけではなく、正田家は八月一九日、美智子の外国訪問を決め、美智子はその日のうちに帰京してしまう。ベルギーのブリュッセルで開かれる聖心学院国際同窓会に日本代表として出席する名目だった。実際は「大きな渦から娘を出してやりたい」という親心、事実上辞退の意味を込めた外遊であった。

美智子の出発前の八月二五日、小泉は帰京した正田夫妻に会い、正式に縁談を申し入れる。外遊を中止してもらえないかと依頼したが（『週刊朝日』一二月一四日号）、両親は「決まったことだから」と冷たく対応した（佐伯晋証言）。外遊は九月三日〜一〇月二六日の五四日間。ベルギーだけでなく、イギリス・イタリア・スイス・フランス・オランダ・米国を巡った。逃避の旅である。

拒否の手紙と小泉の説得

正田家の答えは拒否である。それも、娘を外国に出し、物理的な接触を取れないようにする強い拒否と言ってもいいであろう。これを覆したのは、明仁皇太子による電話での説得だと語られる。ただ、彼の独力だけではないことは、もっと注目されるべきだ。

選考チームは、出発直前の美智子に、明仁皇太子からの手紙を渡そうとした。これは、皇太子の学友を通じて美智子に届けられた。ここに選考チームが関わったことは、「鈴木菊男日記」（八月三一日条）の「黒木君から電話（お手紙の件）」との記述から確認できる。

選考チームはさらに粘り強く動く。黒木は九月一八日に正田邸を訪問し、小泉も二六日、やはり正田邸を訪れる（藤樫準二メモ）。明仁皇太子の気持ちを伝えるきわめて強い促しであった。小泉は一〇月七日にも、美智子の母富美に会った（「鈴木菊男日記」）。ここまで強く説得されると、正田家も拒否一辺倒とはいかなくなる。オランダのハーグに滞在する美智子を国際電話で呼び出し、宮内庁からの要請を伝えた。

これに対し美智子は、辞退の手紙を書く。東宮侍従の黒木はのちに次のように記した。

そこには若い一人の女性が良心の限りを尽くして考えぬいた結論がつづられており、ご自分がその任に耐えぬことが曖昧にではなく、精一杯に記されてあった。殿下を敬愛なさり、誠実なお付き合いを続けて来られた方であればこその、それは誠意に満ちた文面であり、殿下に召される資格を欠くご自分を深く恥じわびられていた。（黒木従達回想）

拒否の気持ちをあらためて伝えたのである。親友のひとり、大久保忠恒はこのころ、明仁皇太子から「ことわられたよ」と聞いている（大久保忠恒証言）。

「私の血は庶民の血」

同じころの美智子の気持ちを探る手掛かりとして、毎日新聞ニューヨーク支局記者内田《うちだ》源《げん》三《ぞう》の回想がある。内田は外遊中の美智子に接触した唯一の記者であった。

美智子は一〇月一三日、米国に到着した。毎日新聞はニューヨークで美智子との接触を図るが、東京銀行の現地駐在員だった叔母夫妻によるガードが固く成功しない。そのなかで美智子がまもなく帰国する情報をキャッチした。契約社であったUPI通信の航空担当記者に依頼し、美智子の帰国便を特定。内田はワシントンからシカゴ、サンフランシスコを経てホノルルまで美智子と同じ飛行機に搭乗する。とくにサンフランシスコからの機中、およびホノルルでの待ち時間に、単独インタビューを敢行した（現地時間一〇月二四日）。内田の回想によると、美智子は「私は、皇太子さまと結婚する意思など、まったくございません」と、かなり強烈な言葉で結婚を否定した。注目されるのは次の一節である。

私は、お父さま、お母さまそのほか私のことを心配してくださる方々を、私のために困らせたくはございません。また、このために私は、自分を不幸にしたり、皇太子さまを不幸にすることはできません。私の血は庶民の血でございます。（内田源三証言）

美智子の真意は、「私の血は庶民の血」と述べる箇所に現れている。平民である自分が妃となり皇室の性格を変えてしまうことは、皇室にとってよくないと考えた。旅行中、欧州王室の現況を見て、非貴族が王室に入る不適切さを感じた面もあるようだ（深山弘子証言）。当時、ベルギーのボードワン国王、英国のマーガレット王女ら独身王族と非貴族（平民）との交際が欧州メディアの格好のネタとなっていた。米国の女優、グレース・ケリーがモナコ公妃となり、興味本位の報道の対象となった。英語では非貴族（平民）をcommoner（普通の人）と呼ぶ。王族の格差婚は、欧州でも注目されていた。

電話での説得

絶望的な状況を打破するのは、たしかに明仁皇太子の行動である。

断りの手紙を受け取った事実を聞いた徳川、大久保らの親友は、皇太子に対し、「電話で美智子さんと話しなさい。それが残された最後の方法ですよ」と伝えた（大久保忠恒証言）。

こうして、美智子の帰国後から電話説得が始まる。帰国の翌日（一〇月二七日）、皇太子は織田に電話をして「正田さんのところへ電話をかけて、僕のほうに直接、電話をしてくれるように伝えてもらえませんか」と依頼した。さらにその翌日、皇太子は、織田に東宮仮御所まで来てもらい、「正田美智子さんを皇太子妃に迎えたいので、君に電話の取り次ぎを頼みたい」と直接伝えている（『天皇陛下のプロポーズ』）。

この一〇月二八日の電話がもっとも重要だった。別室で待機する織田は、明仁皇太子が電話を終えたあと、頰《ほお》を赤らめて「話しちゃったよ」と印象的な言葉を発したと記憶する（織田は、この出来事を一一月八日と記すが、記憶違いである）。

実は、このあと、明仁皇太子と美智子は六日間、電話をしていない。皇太子は一〇月二九日、兵庫県入りし、同県を視察する。帰京するのは一一月二日朝であった。入れ替わるように、美智子を含む正田家は、一一月二日から箱根の富士屋ホテルに出掛け、翌三日に東京に戻る。一〇月二九日〜一一月三日の六日間、二人は物理的に連絡を取り合う環境にはなかった。

「イエスと言ってください」

正田家の箱根行きは、美智子、両親、兄の四人で、結婚問題を話し合う重要な場であった。朝日新聞記者の佐伯晋は、箱根で美智子への直接取材に成功する（一一月三日）。そこで次のような言葉を引き出す。

私がどんな方とごいっしょになることになっても、それはその方自身が、ほんとうに私の結婚の理想にあてはまる方だからということです。私はこれまで私なりに結婚の理想や、理想の男性像というものをもってきました。その理想を、ほかの条件に目がくれて曲げたのでは決してないってことを……。

（『朝日新聞』一九五八年一一月二七日夕刊）

微妙な物言いだ。明仁皇太子と結婚してもいいという意思表示にも聞こえる。かなり心は揺れ、少なくとも以前の絶対拒否の態度からは軟化している。この箱根会議では、父英三郎《ひでさぶろう》のほか、兄が、なお慎重な考えを示し、結論が出なかった。

明仁皇太子は一一月三日、箱根から帰った美智子に連絡を取ろうと織田に取り次ぎを依頼する。しかし、美智子は疲労のため電話に出られなかった。「織田和雄日記」（一一月三日条）には、「夜チャブ電話するがミッチつかれて出ず。処置に困る」とある。チャブとは、皇太子の愛称である。久しぶりに話ができる機会が失われ、皇太子の狼狽《ろうばい》ぶりがわかる。

翌日（一一月四日）朝、美智子から織田に電話があり、織田は「殿下〔明仁皇太子〕にお手紙をお渡ししたい」と伝えられた。手紙には、直接会って話し合いたいという内容が書かれていたと考えられる。電話での話し合いには限界がある、と美智子は伝えたかった。余談となるが、相手の声が受話器を通じて伝達される電話コミュニケーションは、耳元でささやくような独特の親密感が生まれる。対面よりも実は説得効果が高いことは、社会心理学者たちが実証している。

いずれにしても、明仁皇太子と美智子が直接会うことは「種々の障害」（徳川義宣寄稿）のため実現しなかった。その代わり、一一月五日夜、黒木が正田家を訪ねた。皇太子の気持ちを間接的に伝え、反対の気持ちが強かった父と兄に説明したのである。

その後も、明仁皇太子と美智子は電話での話し合いを続け、遅くとも一一月七日には美智子と正田家は婚約受諾を決めた。美智子は、「公的立場を守らねばならぬから〔あなたを〕

守りきれないかもしれない」と皇太子から伝えられ、その正直さに「心を動かされたし、自分が行かねばならないと思う様になった」と、のちに自ら説明する。美智子は「イエスと言って下さいと強く言われ、イエスとなった」と説明する(『天皇陛下のプロポーズ』)。

美智子は一一月八日に世話になった竹山謙三郎に結婚の報告に行き(『サンデー毎日』一二月七日号)、同じ日、母冨美が朝日新聞の佐伯に結婚を認めた(『正田家を見つめて六ヵ月』)。

明仁皇太子が電話で「何回も」説得したと、多くの「美智子さま本」では描かれる。だが、美智子の婚約承諾までの電話は一〇月二七、二八日の二回、さらに正田家の箱根行きのあと、一一月四、五、六、七日の四回、合わせると計六回だ。回数としては多くはない。

ただ、六回の電話説得で、美智子の態度が一気に変わったのは間違いない。二週間前の日本までの機上で毎日新聞記者に強い拒絶の気持ちを話した状況を考えると劇的な転換である。

七割のアレンジと三割の恋愛と

美智子の拒否の論理は、基本的には、平民である自分は皇室には入れないということだ。裏を返せば、明仁がもし皇太子の地位になければ、話を受けていいとも取れる論理構成である。明仁皇太子が拒否を覆せたのも、「皇室への嫁入りでなく、普通の結婚のように考えてほしい」と説得したためであろう。

ある結婚を「恋愛結婚」と呼ぶとき、重要なのは当人の意思である。当人同士の決断が民主社会における恋愛結婚の意味だ。最終段階での美智子の受け入れは、自らの意思である。この面だけを切り取ると二人の結び付きは恋愛と呼べる。

一方で、最終局面以外は、アレンジ婚の側面が強い。選考チームの粘り強い正田家訪問などのバックアップがあった。とくに、最後に、父と兄からの賛意を得られるかが焦点となり、黒木による正田家訪問（一一月五日）は大きな意味を持った。

ここから先は、私の評価となるが、二人の結婚が恋愛と呼べるのは最終局面の三割だ。それ以外（七割）はアレンジ婚の側面が強い。「世紀の御成婚」と、二人の恋愛を称賛する見方は、三割を全面化して、七割を無視する論理で成り立っている。

皇室の過去を回顧するテレビ番組や出版物の多くは、明仁・美智子の恋愛だけをクローズアップする。それらは事実に基づくというより、当時の人びとの欲望を反映してしまっている。ある意味、虚構の再生産である。

「事実無根である」

ここまで、明仁皇太子と美智子の交流の実態を見てきた。まとめると以下のようになる。

1　美智子以前にほかの候補が存在し、決定寸前だった女性もいた。美智子とのテニスも、宮内庁の「出会いと交流」路線の延長線上にあった。

2　「テニスコートの出会い」（一九五七年八月）以降も、宮内庁は別候補を検討しており、最初の出会いから明仁皇太子が一貫して美智子との結婚を考えていたわけではない。

3　美智子が皇太子妃候補となったのは、聖心からの推薦リストに名前があったからであり、主導したのは宮内庁選考チームである。

4　美智子を直接説得したのは明仁皇太子であり、受け入れたのは美智子自身である。そこだけを切り取れば、恋愛と呼べる。

たしかに最終局面での電話説得は劇的であるため、そこに目を奪われがちである。だが、実態は周囲の判断とアレンジが重要な役割を果たした。

恋愛性を否定する証言は、当時から、関係者によって盛んに語られている。そもそも明仁皇太子自身「初めは客観的に出発したんですよ。いろいろな女の人の中から、こちらの条件に合った人を選んでいって彼女が出てきた」と、出発点が周囲のアレンジであることを認めた（学友で共同通信記者、橋本明の取材への返答、『信濃《しなの》毎日新聞』一九五九年四月八日）。同じ共同通信社で取材に当たった犬養康彦も「皇太子の交際が当局の選考と併行して進んだことが、あとになってマスコミが二人の結婚を〝恋物語〟に仕立てる上に大きくモノをいった」と説明する（『週刊読書人』一九六七年九月一八日）。産経新聞の宮内庁担当記者榊原亀之甫《さかきばらかめのすけ》も

「皇太子の恋実る」式の記事は、ホントのところウソだったことになる。少くとも世間一般の恋愛、ロマンスというものは、お二人の間にはなかった」と断じた（『別冊週刊サンケイ』一九五九年二月号）。二人の結び付きが、現代的意味の恋愛結婚と呼べないのは明らかなように思える。

一九五八年一一月一三日夜、小泉が正田家を訪問し、最終的な承諾を得る。一一月二七日、皇室会議の議決により、二人の結婚は認められた。皇族男子の結婚は皇室会議を経なくてはならず、「婚姻は、両性の合意のみに基いて成立」と定めた日本国憲法が、適用されない。

皇室会議で、宮内庁長官の宇佐美は、明仁皇太子の慎重な考えと当局の客観的な調査が一致し、天皇皇后の「お許し」を得た経緯を説明した。そのうえで、「巷間《こうかん》伝えられるように恋愛問題が先行したなどということは事実無根である」と強調した（皇室会議議事録）。世間が皇太子の婚約で大騒ぎになる直前、恋愛は宮内庁長官によって全面否定されたのである。ところが、この言明は何の効果ももたらさなかった。

メディア報道は「皇太子の恋愛」「平民妃出現」一色に染まり、世は空前のミッチー・ブームに沸き立っていく。

第6章　ミッチー・ブームと恋愛の帰結

明仁《あきひと》皇太子と正田美智子の婚約が発表された一九五八（昭和三三）年一一月二七日午後二時半、美智子が記者会見の場に現れる。

皇太子の魅力を聞かれた美智子は、「とてもご誠実で、ご立派で、心からご信頼申し上げ、ご尊敬申し上げていかれる方だというところに魅力を感じいたしました」との印象的な言葉を残した。ゆったりとした口調、二四歳とは思えない落ち着き、上品な立ち居振る舞い、ノーブルな容姿、平民という出自、テニスコートでの恋愛という触れ込み……。いずれもが衝撃的で、またたく間に人びとを熱狂の渦に巻き込んだ。ミッチー・ブームである。

ブームの頂点は、半年後の御成婚（一九五九年四月一〇日）だった。渋谷区常磐松《ときわまつ》町にあった東宮仮御所までの八・六キロの沿道が、約六一万二〇〇〇人の奉祝者で埋め尽くされる（『警視庁事務年鑑』一九五九年版）。新しい皇室カップルへの祝賀の嵐が日本全国を覆う。

人びとはなぜ美智子の出現に熱中したのか。ミッチー・ブームの同時代の分析でもっとも鋭かったのは、新進の政治学者であった松下圭一《まつしたけいいち》による「大衆天皇制論」である。

松下は、日本社会に大量に出現した新中間層を〈大衆〉と呼んだ。従来、資本家に支配され、体制外にあった人びとが、社会の内部の〈大衆〉になったと、松下は考えた。〈大衆〉は、村落共同体の束縛から離れて生活する。村落共同体のような中間集団が弱体化し、個人が国家と直接関係を結ぶようになると、人はナショナリズムに陥りやすいと、松下は考えた。〈大衆〉が天皇制に惹かれてしまうのも、故郷（共同体）を失った人びとが、自分の拠《よ》り所として国（ナショナルなもの）に惹かれるためである。松下はこれを「大衆ナショナリズム」と呼んだ。

〈大衆〉は、マスメディアの感性的な報道に共感し、天皇制というナショナルなものに惹かれる、そして、〈大衆〉人気こそが、天皇制の支持基盤となる――。こうした現象を、松下は「大衆天皇制」と呼んだ。平民出身である美智子と明仁皇太子が恋愛によって結ばれた事態に〈大衆〉が歓喜した状況である。

なるほど、同時代の分析としては鋭い指摘であった。だが、現在から見ると、弱点がある。それは、天皇制への〈大衆〉の歓喜がその後も継続するという、甘い見通しがあったからだ。実際には、美智子妃の登場が転機となって、天皇制は別のフェーズに入っていく。必ずしも、天皇制は〈大衆〉から支持を得られなくなる。

この章では、ミッチー・ブームを周縁から見つめ直すことで、大衆天皇制の意味を考えていく。

1　日本の近代化と御成婚

生活の近代化と結婚改善

「世紀の御成婚」と呼ばれた明仁皇太子と正田美智子の結婚。皇室と恋愛という組み合わせの画期性に目を奪われ、私たちはそれを戦後社会特有の現象と考えてきた。しかし、御成婚は、日本の近代化のなかにある。明治以降の生活と家族の近代化のなかに御成婚を置くと、ブームは、美智子という特別なキャラクターによる特異な現象でないことがわかる。

日本の近代化と御成婚との関係で、最初に考えたいのは、「生活改善」との連関である。大正後期以降、国民生活の科学化・合理化を目指し、官主導の生活改善が何度も呼び掛けられた。かまどなど台所を改良する、時間を守り日曜日は休む、働きやすい野良着をつくる、冠婚葬祭を簡略化するなど、さまざまな改善が試みられる。戦後は、新生活運動と呼ばれる取り組みが盛んであった。家族計画（産児制限）や生活環境の刷新などが唱えられた。

本書との関連で言えば、結婚改善が重要となる。三三九度ののち長時間の宴会や数日におよぶ諸儀式など地域伝統の習俗を改め、合理化する試みである。そこには、結婚は家と家の間のものではなく、男女の愛情による結び付きであるべきだとする理念があった。

たとえば、一九五〇年代後半、長野県茅野《ちの》市北山湯川《きたやまゆがわ》では、若者を中心に「湯川生活を愛する会」というグループ活動が行われていた。この会は、当事者の人格や意向が尊重されない従来の結婚のあり方を改善し、公民館などの公営式場で形式にとらわれない会費制結婚式を提案する。一九五七年一一月、第一号の改善結婚式を行った。そのとき、「湯川生活を愛する会」は以下を申し合わせた。

・式は憲法第二四条〔婚姻は、両性の合意のみに基いて成立とする規定〕の精神を旨とし、婚姻届に調印し、誓いの言葉と友人の祝詞《しゅくし》を入れる。
・祝宴は一人二五〇円会費とし、なるべくその枠内でまかなうようにすること。〔中略〕主催者は会計報告をする。
・新婚旅行は必ず行い、当日出発する費用はグループの新婚旅行貯金をこれに当てる。

公民館報に式を報告した青年は「結婚改善の意味は男女が平等の立場に立つという基本的な目標にそうことと、因習を打破し明るい村をつくって行くという社会運動だろうと思います。それは住みよい家庭を、村を造って行くという大きな目標の一段階だろうと思うのです」と宣言する（「茅野市公民館報」一九五八年三月号）。

個人レベルの幸せな結婚が、新しい村づくり、地域づくりと結び付き、ひいては国家の再建という大きな目標ともつながっている。

若人よ皇太子につづこう

こうした結婚改善は、新生活運動と絡みながら全国で行われた。各地の公民館報や新聞記事を読むと、地域での結婚改善の理想を「皇太子御成婚」に重ねる文章にしばしば出合う。たとえば長野県の「小諸《こもろ》公民館報」（一九五八年一二月号）には、二四歳青年団員の男性による文章がある。民間の女性を明仁皇太子自身が選んだことを「実に意義ある」とした彼は次のように続ける。

私たち農村での結婚はどうか、憲法では「二人の合意によって婚姻は成立する」とあるがいざ結婚になると、当人の意志はさておきまず第一に家柄がどうのこうの、いうならば家と家との結婚だともいえるものも多く行なわれている。皇太子の婚約によって、こうした封建的考えの方も、めざめることと思われます。未婚の若人よ、皇太子につづこう。

明仁皇太子と美智子の結婚が、地域における結婚改善の動きとつながっている。結婚慣習の改善を目指す青年たちの気持ちが、皇太子御成婚とシンクロした。

婚約発表の翌日（一九五八年一一月二八日）、長野県社会教育課の原太郎は、婦人問題の講演の前泊のため、同県信濃町の旅館に滞在した。そこで、給仕に来た女性は、原に次のように語り掛けた。

皇太子様ばかりでなくて、何か今までの日本の結婚というものを考えたときに、すきな人と一緒になれないことがどんなに多かったか。それを思う時にすきな人と一緒になれるこんな素晴しいことはないと思います。（「公民館報しなの」一九五八年一二月号）

結婚改善とは、究極的に言えば、周囲のお膳立てによって結び付けられた従来の結婚のあり方を変え、好きな人と一緒になることである。恋愛結婚への転換と言い換えてもいい。重要になるのは、当人たちの意思であった。明仁皇太子と美智子と同じように、庶民たちの結婚も恋愛感情に基づくべきだと考えられた。

ぼくらとおんなじ

次に若者向けの月刊誌『平凡』の記事を紹介しよう。結婚直前の一九五九年二月号では、二〇代前半の東宝専属スター（久保明・青山京子）が、明仁皇太子の学友、美智子の学友と対談した。二人は若者を代表して次のように言う。

久保　明　皇太子さまがご自分で電話をかけたというんでしょう。ぼくらとおんなじじゃない？（笑）感激しちゃったよ。そこいらの恋人同士とちっとも変らないんだもの。

青山京子　皇太子さまは電話好きだそうだけど……（笑）それにしてもご立派だわネ。

前章で見たとおり、明仁皇太子は、最終局面で、美智子を電話で説得した。久保はそれを「ぼくらとおんなじ」と言っている。二人が自分の意思、すなわち恋愛の末に結婚したと見られたことは、見合い結婚と恋愛結婚の比率が逆転しつつあった同時代の若者に希望を与えた。一九五五〜五九年には「見合い結婚」が五四％に対し「恋愛結婚」はまだ三六％であったが、六五〜六九年には「見合い結婚」四五％、「恋愛結婚」四九％と逆転する。だからこそ若い世代は、二人に自分たちを重ね合わせられた。

出産革命と美智子妃

結婚一年後の出産についても、人びとは自らの理想と重ねた。『女性自身』（一九六〇年二月二四日号）は、第一子（徳仁《なるひと》親王、浩宮《ひろのみや》、現天皇）の誕生直前、「およろこびを前に私たちの希《ねが》い」と題するトップ記事を掲げる。本文には次のような記述がある。

〔出産を担当する〕東大産婦人科医長の小林隆《こばやしたかし》ご用掛《がか》りが、直接、設計、指図《さしず》した日本一の〝超デラックス産室〟には、どんな設備があるのか、その内部を見てみると──。〔中略〕室《へや》の中央に、ボタン一つでタテ、ヨコ、左右、自由に操作できる金属製の分娩処置台があり、そのわきに洗条器《ママ》（これは輸血用にも使われる）を置く台。

日本の出産は革命的な変化を遂げた。一九五五年に一八％であった病院などでの施設内分娩は、六五年には八四％に急上昇する。大きなリスクを背負う自宅分娩の時代から、衛生的で安全な医院・病院での出産への移行期であった。「東大産婦人科医長」が携わる「超デラックス産室」での分娩が、若い女性の理想になり得た。『女性自身』はさらに、デパート（松屋）銀座店に勤務する二一歳女性に、「ぜひ乳母車をひいて、ショパンの子守歌でも口ずさみながら、散歩なさるお姿を見せていただきたいの」と、美智子妃に理想の母であってほしいとの希望を語らせる。

美智子妃が育児のために読んだのは、まだ邦訳されていなかった*The Common Sense Book of Baby and Child Care*（『スポック博士の育児書』）であった。子供中心の家庭生活がより一般化した時代に合った育児書である。日本でも、生活改善のひとつである家族計画に伴い、「二人っ子革命」と呼ばれる合計特殊出生率の急激な減少と安定化があった。子供は少なく産んで大切に育てる時代になり、育児書がブームとなる。

東宮侍医の佐藤久が、美智子妃の子育て方針を書いた『浩宮さま』は、一九六二年に書籍の売り上げ順位二〇位のベストセラーとなった。徳仁親王誕生の年、男の赤ちゃんの名前のトップは、前年八位だった浩であり、浩一・浩二・浩之もベストテン入りした。徳仁親王にちなんだ名前がこの年生まれの男子に多い。子供中心の家庭生活を具現するのが美智子妃の子育てであり、だからこそ、皇族に似せた名前がブームになった。

家や村のしがらみにまみれた結婚、行き当たりばったりの出産、無計画な子育て……といった古い家族を合理化・近代化する、それが日本の経済的・道義的な再建、真の独立につながるという理想を皇太子夫妻と重ねたのが、この時代だった。

サラリーマンとしての皇太子

このような時代状況下、明仁・美智子の新婚カップルは、新しい家族として想像された。結婚当初、マスメディアは、明仁皇太子が仕事として福祉事業に携わる可能性が学友の間で議論されたと報じた。そのときの二人の生活を想像した新聞記事がある。

朝八時半、東宮御所の門から愛用の国産車がすべり出た。「出勤」である。もちろん運転しているのは皇太子であり、玄関にはにこやかに見送る美智子妃殿下の美しい新妻姿がある。勤務先の「愛の施設」本部に着いた皇太子は、各地の施設からの報告や書類の処理、会議などで「事務局長、皇太子」はなかなか忙しい。午後五時—勤めを終った皇太子は再び自動車でわが家へ—。そして御所では妃殿下の美智子さんが、夕べの食卓を整えてクラクションの鳴るのを待っている—。

（『夕刊岡山』一九五九年四月一一日）

ここに書かれる明仁皇太子と美智子妃の生活はサラリーマンと主婦のそれと同じである。つまり、皇室の新カップルの暮らしは、都市の新中間層の新生活として想像された。家族と生活の近代化は、明治時代からの動向である。人びとが、家族と生活を近代化させるとき、同じ志向性の皇室とシンクロする。人びとが、皇室の生活や結婚に憧れを抱く。こうした現象こそ、松下が大衆天皇制と呼んだものだ。それは、明仁・美智子の時代に始まったのではなく、明治期には萌芽《ほうが》が見られ、大正期には本格化していた。

2　平民と非平民の対照

美空ひばりの御成婚パロディー映画

正田美智子はその平民性が強調された。明治中期から使われ始めた平民主義という言葉は、上層階層ではなく一般の人びとこそ、社会の主役たるべきだと考える理念に基づく。平民は、大正期以降のメディアの流行語でもあった。この言葉が多用される背景には、旧華族に代表される非平民の権威的家族システムは封建的であり、平民の生活こそ近代的であるとの見方が隠れている。

つまり、非平民（旧華族）―平民という二元コードを設定し、前者の生活を否定的に見て、後者を肯定する。私たち（平民）こそ、新しい（近代的な）価値の持ち主であるという意識が存在した。

非平民―平民の二元コードは至るところで見られる。たとえば、御成婚二日前に封切られた美空ひばり主役の「孔雀《くじゃく》城の花嫁」と題した東映映画がある。御成婚奉祝映画と銘打つが、非平民の結婚を揶揄《やゆ》するパロディーであった。上野国《こうずけ》（現群馬県）の殿様と、将軍家の娘、和姫《かずひめ》（美空ひばり）との結婚をめぐる物語である。

二人が城の上から、群衆の提灯行列に応えるシーンは、現実の御成婚を意識した脚色であろう。上野国の城主という設定も、正田家が館林《たてばやし》の出である事実を下敷きにする。殿様がいきなりキスしようとして、和姫に突き飛ばされるなどストーリーは荒唐無稽であった。猟師によって山のなかに連れ去られた和姫は、庶民、つまりは平民の生活を知り、愛情の意味に目覚め、殿様との結婚生活に戻る。殿様と姫の政略結婚が否定され、平民的な生活が全面肯定される。

中村メイコが絶賛した皇太子の裾直し

御成婚の際、あやかり婚が注目された。「あやかる」という言葉は、幸せな状態にある人から、おこぼれを受けて、自分もよい状態になりたい気持ちを表す。明仁皇太子と美智子にあやかって、自分たちもよい状態になりたいから同じ時期に結婚するのが本来のあやかり婚である。だが、皇室に「あやかる」との言葉を使いながら、その逆、つまり、平民の結婚や恋愛のあり方こそが、非平民の生活や家族を変えていくとの意識が存在した。

御成婚パレードの際、NHKテレビの沿道ゲストのひとりが、中村メイコであった。中村は、美智子と同い年で、二年前に結婚したこともあり（夫は作曲家の神津《こうづ》善行《よしゆき》）、新婚夫婦二人がそろい慶応義塾大学病院付近でパレードを見送った。中村は、「お馬車にお乗りになったときに殿下〔明仁皇太子〕が美智子妃殿下の裾をとても気になさって直したりしてらして、本当に私たち若い夫婦と変わらないお姿で、とっても涙がこぼれてなりませんでした。良かった、良かったっていう気持ちです」と語る（「一九五九年皇太子ご成婚パレード、NHK実況中継」）。

宮内庁庁舎前で馬車に乗り込む際、明仁皇太子は、新妻の裾を直した。テレビカメラはその瞬間を映した。中村は一瞬のエピソードを取り上げ、感激する。皇太子の新妻への気遣いを絶賛した。ここでは、平民の代表である美智子によって、非平民の世界である皇室が、私たち（平民）と変わらない姿に変化すると期待されている。

ハネムーン列車「ちよだ号」

国鉄（現JR）は御成婚当日、東京駅午後四時四五分発伊東行きの新婚列車準急「ちよだ号」と名付けた特別列車を企画した。ハネムーン列車を謳《うた》い、八両編成に約二〇〇組のアベック（当時はカップルより、この語が一般的だった）を乗せた。「ちよだ号」は、皇室の居所である江戸城跡が千代田城とも呼ばれることになぞらえた。乗り込んだアベックたちは熱海や伊東の温泉街に消える。

テレビや雑誌はこぞって「ちよだ号」を取材し、出発の東京駅には五〇人以上のカメラマンがいた。『週刊実話特報』（一九五九年五月一日号）は、男女の記者を新婚に仕立て、同乗ルポを掲載した。そこには以下のようにある。

新橋から品川を過ぎ、『ちよだ号』が東京の中心部を車窓から消したころになると、うちとけた彼らは、まったく甘いささやきをかわし始めた。すぐ真向かいの座席のカップルは、いわゆる見合結婚のたぐいではないらしく、恋愛によって結ばれたようで、その態度、会話も慣れきっている。

ここでも、平民カップルが称賛される。地方の新聞には、パレードを模したイベント、美

山形県寒河江市の豊年まつり　一般の人が皇太子夫妻に扮して町をパレードした．1959年9月21日　毎日新聞社

智子さんそっくりコンテストなど興味深いイベントが多く見られる。山形県寒河江《さがえ》市の豊年まつり（一九五九年九月二一日）でも、美智子妃に似た女性が、御成婚パレードを模して街を巡回した。

そこにあるのは、平民が皇室の幸せにあやかる、下から上を仰ぎ見る意識ではない。皇室の生活が私たちと同じ水準に（上から下に）降りてきたと考える気持ちがあった。皇室平民化と呼べる意識である。

そもそも「あやかり婚」は、マスメディアがつくり上げた現象であった。結婚が四月一〇日（金曜日）に設定され、この日が休日と決まったのは二ヵ月前の二月一〇日だ。四月一〇日に挙式し、「あやかり婚」とされたカップルの多くはそれ以前からこの日を結婚式に予定しており、あやかりを最初から意識して式を挙げた人は実は多くはない。

柳ゴウリ問題

皇室平民化意識の文脈のなかで、柳ゴウリのエピソードには触れねばならないだろう。御成婚が、平民と同じ水準での結婚であることを示す話であった。

前章で見たとおり、明仁皇太子のプロポーズの言葉は、「イエスと言ってください」であった。これに美智子が「イエス」と応じた。ところが、一般には「コウリひとつで来てもらいたい」という、まったく別のフレーズが流布する。コウリ（行李）とは、葛籠《つづらかご》の一種で、柳で編んだカゴが柳ゴウリ。衣料や雑物の入れ物であり、旅行用荷物入れにも用いられた。

エピソードは最初、婚約発表当日の『朝日新聞』（一九五八年一一月二七日夕刊）が報じた。美智子が、「私の結婚費用は海外旅行で全部使ってしまいました。柳ゴウリひとつでもらってくださるなら……」と明仁皇太子に念を押したと伝えられたのである。朝日新聞記者の佐伯晋が、母親の正田富美に取材して聞き出した。

もうひとつ、皇太子の柳ゴウリのエピソードがある。『女性自身』（一九五九年四月三日号）には「ふつうの結婚とおなじように、コウリひとつでいらっしゃい」と明仁皇太子が述べたとある。このエピソードは美智子バージョンより遅れて現れる。御成婚当時にはほとんど出てこないが、後年の回顧記事では「どうか美智子さん、柳ごうりひとつ持って、来てください。あとはすべて、私が引き受けます」（『女性自身』一九六八年九月二三日号）と、繰り返し語られる。皇太子バージョンのほうが、現在一般的に知られるエピソードである。

皇太子バージョンの発信源は、美智子との電話の取り次ぎ役であった織田和雄であった。

プロポーズの最終段階、東宮仮御所に呼ばれた織田は、「世間一般では、お嫁に来て頂きたい意思表示の一つに、〝柳行李ひとつで来て下さい〟と言うこともあるのですよ」と伝えたと証言する（『天皇陛下のプロポーズ』）。

これには後日談があり、明仁皇太子は執拗《しつよう》に、自分自身はこの発言を美智子にはしていないと織田に訂正を求め続けた。アピールを受けた織田は『アサヒグラフ』（一九九〇年一一月二五日号）など後年、何度も訂正しなければならなかった。明仁皇太子（平成の天皇）自身、二〇〇一（平成一三）年の記者会見で、柳ゴウリのプロポーズ説に対して、「私は一言も口にしませんでした」と自ら全面否定した。

明仁皇太子（平成の天皇）がなぜ、いまから見ると瑣末《さまつ》とも思える事実の訂正にこだわり続けたのだろうか。おそらく、「柳ゴウリひとつで来てほしい」という無責任な言葉は使わなかったと言いたいのだろう。美智子への言葉は〈公的立場を守らなければならないから、あなたを守りきれないかもしれない。それでも、ぜひ嫁に来てくれないか。イエスと言ってほしい〉との真剣な説得だった。「あなたを守る」と約束して結婚を申し込むのが女性を口説く常道なのに、守りきれない世界だが、それでも来てほしいとする懇願である。「柳ゴウリひとつで来れば、あとは任せて」と、軽いノリで説得したわけではないとの主張である。

「柳ゴウリ発言にグッときた」

明仁皇太子（平成の天皇）は、発言の真偽を問題にする。しかしながら、重要なのは事実そのものではない。極論すれば、いまとなっては事実はどちらでもよい。それよりも、柳ゴウリ発言が、人びとに与えたインパクトこそ大切である。

反応は、とくに地方に多い。熊本県泉村《いずみ》（現八代市《やつしろ》）の「泉公民館報」（一九五九年二月号）には、成人女性による以下の文章が掲載された。

皇太子様がプロポーズされた時、美智子さんは「コウリ一つでよかったら」と申されたそうですが、その意味を坊ちゃん育ちの皇太子様が解されたか知らぬが、美智子さんのこの言葉にグットくるものがあります。どうかお式の日までお二人が一般の婚約者のように自由な御交際であって、喜びあふれる日日《ひび》をお過しになれます事をお祈り致します。

山口県の新生活運動機関誌『新生運動』（一九五九年九月号）でも、二六歳の農業の男性（橘町《たちばな》、現周防大島町《すおうおおしま》）が次のように言う。

「柳ごうり一つでよろしければ」との美智子さんの言葉は、我々に一層明るい、ほおえ《〔ママ〕》ましいものを感じさせる。結婚改善の問題も〔中略〕仲々実行されないようだ。世間体があるからとか、相手に対して余り質素なことをしてはというのがその理由らしいが、そんな見栄等はる必要はない。

なぜ、柳ゴウリ発言に人びとが大きく反応したのか。それは、豪華な嫁入り道具は何も必要がない、身ひとつで、嫁ぎます／嫁いでほしいという物語が、平民と同じと受け止められたからである。地方においては、本当に身ひとつの嫁入りがあり、世間一般と皇室が、柳ゴウリのエピソードで結び付いた。皇室平民化を実感する話だった。

これに対して、おそらく事実であるところの「イエスと言ってください」というプロポーズは、ありていに言えば、無理強いのニュアンスがある。明仁皇太子（平成の天皇）がいくら「柳ゴウリ発言は真実ではない」と主張しても、なかなか広まりづらい。メディア史研究の世界では、事実自体ではなく、人びとが事実をどう受け止めたのかの受容が問題となる。柳ゴウリのエピソードは、受容のされ方が重要だ。皇室の結婚が、「私たちと同じ」水準にまで降りたと、皇室平民化を具現化する話であった。柳ゴウリは、平民性の象徴であった。

雲の上への懸念

「私たちと同じ」という皇室平民化意識は、「いつか私たちから遠く離れてしまう」とする感覚と、表裏の関係にある。大衆誌『平凡』（一九五九年二月号）の若者による座談会は、電話プロポーズを称賛する一方で、以下のような発言も紹介する。

岩村輝志子〔美智子と大学時代に同級〕でも、発表前にお会いしたとき「宮内庁のおっしゃるようにしなければ」ともらしてたから、どうなんでしょう。あの方の行動範囲がすごくせばめられるような気がするんですけど……。

藤島《ふじしま》泰輔《たいすけ》〔作家、明仁皇太子と同級〕それが一番問題だと思いますよ。きのうまで銀座を歩いていた人が皇太子妃に内定したとたんに出られなくなったら、おかしいことですよ。理窟《りくつ》が成り立たない。（笑）

御成婚によって、平民と皇室がより結ばれた感覚が得られた。しかしながら、皇室の周囲には旧華族がいた。マスメディアはしばしば、平民と対峙する守旧派勢力の存在を仄めかす。美智子は、皇室と私たちの懸け橋になるよりはむしろ、雲の上の存在として祭り上げられるのではと心配された。「雲の上の美智子像」と「期待された美智子像」の間に現実の美智子がいた。これもまた、非平民と平民の二元コードによる発想である。美智子は、皇室を変革するのではなく、逆に皇室に取り込まれるのではないか――。ミイラ取りがミイラになると考える懸念である。

お妃教育への批判もあった。皇室入りを前に美智子は一九五九年一月から、宮中祭祀《さいし》・心得・和歌などの講義をほぼ毎日受けた。これに対し、老人たちが旧習やしきたりを教え込み、自由闊達《かったつ》な美智子の姿が失われるとする非難が起こった。『週刊朝日』（二月一日号）は「雲の上に住む特別の人間に改造する〝飼育法〟が始まった。〔中略〕さぞ息がつまってシンがつかれることだろうと、ご同情申し上げる。これではせっかくの〝野の花〟もしぼみはしないか」と辛辣《しんらつ》に皮肉った。

「柳ゴウリひとつで」というフレーズも現実とは異なった。実際、嫁入り道具として、長持《ながもち》・洋ダンス・衣装箱など、トラック三台分が東宮仮御所に搬入される。ほかにも、和服などの衣装、調度品、宝石などの持参品が細かく報じられ、「一般庶民にはちょっと考えつかないところで、それ相応のお支度が、やはり必要なわけである」と語られた（『週刊東京』一九五九年一月一七日号）。

いずれにせよ、非平民と平民の境界線上のマージナルな位置に美智子はいた。あるときは非平民（皇室）の変革者、別なときはその犠牲者として描かれていく。

社長令嬢という出自の美智子は平民ではないとする議論が当時から存在した。たしかにこの時期、代表的な日本人像は、地方の農村や都会の下町で暮らす庶民である。美智子が庶民でないことは自明であった。しかしながら、平民という用語は、非平民（前近代）との二項対立のなかで想像されたことが重要である。平民こそ近代の担い手であり、非平民が前近代（封建性）の象徴であった。

3　「美智子妃」への反対の声

浪人生の美智子妃への投石

世紀の御成婚、ミッチー・ブーム……と並べると、人びとがこぞってお祝いしたさまを思い浮かべてしまう。しかし、「美智子妃」に反対する者は存在した。

御成婚に公然と異議を申し立てた人物は、のちに「投石少年」と呼ばれる一九歳浪人生である。彼は、明仁皇太子と美智子妃のパレード車列に石を投げつけた。

事件は、御成婚の当日、一九五九年四月一〇日午後二時三七分、馬車列が二重橋から皇居前広場を抜け、祝田《いわいだ》町交差点（現二重橋前交差点）を右折した場所で起きた。内堀通り東側沿道の観衆の間から、若い男性ひとりが、警備線の間をくぐり抜け、馬車めがけて駆け出した。投石少年である。少年は「万歳」を連呼し、こぶし大の石一個を馬車に向かって投げ、さらにもう一個を投げた（『警視庁事務年鑑』一九五九年版）。一投目は馬車の上を通り過ぎ、二投目は馬車左側の御紋章の下部に当たった。危険を察知した美智子妃は、反射的に体をうしろに仰《の》け反《ぞ》らせた。

少年はさらに、馬車の左側縁に手を掛け、よじ登ろうとするが、馬車後部に立つ宮内庁車従が手を払い除《の》けた。さらに、慌てて駆けつけた警察官に引きずり下ろされ、逮捕されたに進んだ。

(暴行容疑)。完全に制圧されるまで一〇秒弱。馬車列はこのあと、何事もなかったかのよう

少年の目的は

少年は長野県長谷村《はせ》(現伊那市《いな》)出身であった。父親は戦時期の四年間、合併前の美和村《みわ》で村長を務めた。彼の名前は、大東亜共栄圏建設にちなんで名付けられた。

小学校六年生だった一九五一年、節子皇太后《さだこ》(貞明皇后)が亡くなり、全校児童が東京に遥拝させられて、皇室の存在に疑問を感じた。地元の進学校、伊那北高校に進み、現役時(一九五八年春)は同志社大学を受験し失敗。上京して新宿のガソリンスタンドに勤めながら受験勉強したが、父の訃報を聞いて帰郷した。さらに、一九五九年春には、早稲田大学と中央大学を受験したが再び失敗し、二浪目に入るところだった。

彼が不満を抱いたきっかけは、高校三年生のときに全焼した校舎の再建費は四〇〇〇万円だったのに対し、皇太子夫妻の東宮御所新築には二億二三〇〇万円もの税金が支出されるのを知ったことである。私的な皇族の結婚が国家的イベントとして扱われ、メディアが騒ぎ立てる事態にも疑問を感じた。

彼の目的は、直訴であった。欺瞞《ぎまん》の象徴である勲章をもぎ取り、退位すべきだと二人に直接伝えようとしたのだ。普通に考えれば、聞き入れられるとは思えないが、純粋な彼は「僕

の直訴を聞いた後で二人が本当に話し合って、近い将来自発的に退位してくれればそれが一番良い」(「あれをした青年」)と考えた。石を二つ用意したのは、馬車は屋根付きであると予想し、窓ガラスを割り、話し掛けようとしたためだ。石を投げてしまったのは、馬車が想像とは異なる屋根なしであったため、気が動転したからだった。パレードを「ぶちこわしてやる」(『読売新聞』一九五九年四月一一日)と供述したとされるが、警察あるいは新聞記者にそう見えただけだ。彼の主観のなかでは、行為の目的は説得であった。

東京地検は五月一日、「精神分裂病の疑いが濃い」として、医療少年院送りが相当だとする意見書を付け、東京家庭裁判所に送致する。しかし、裁判所は病気について「前駆期と思われるが快方に向かっている」と判断。保護観察処分に付したうえで、釈放した。六月二日、少年は故郷の村に戻った(『信濃毎日新聞』五月二日、六月二日)。

少年のメディア対応を見ても、心の病を患っていたとは感じられない。むしろ主張は一貫し、ブレていない。彼を直接取材した記者は、「会ってみるとおだやかな微笑をたたえ」「過激な感じは受けない」と普通の青年として描いた(『週刊平凡』一一月二五日号)。

永六輔の天皇制批判

奉祝ムードのなかの投石事件について、翌日の報道が大きかったわけではない。ただ、興味深いのは、投石少年は、メディアによって長く繰り返し参照されることである。事件の三日後の四月一三日午前一〇時半、ラジオ関東（現ラジオ日本）の「昨日の続き」という帯番組内のトークで、ラジオ作家の永六輔《えいろくすけ》、前田武彦《まえだたけひこ》、歌手の原田洋子は次のような会話を交わす。


「ところで、ついに現れたね、暴漢が……」

「エイちゃん〔永六輔〕じゃないかと思った」

「そう言えば、齢《とし》かっこうが似てたね」

「僕だったらうまく当てたな。野球はうまいんだから、スポーツ神経は発達してる。でもやらないけどネ」〔中略〕

「新聞で読んだんだけど、警視庁の話しによると、あの少年は天皇制反対を唱えてやったんだ、だから要するにあの少年は馬鹿で気狂いだというようなこと言ってたね」

「天皇制が反対だからというので馬鹿だとか気狂いだというのは、言うほうがよっぽど馬鹿で気狂いじゃないかな。たしかにあいつのやったことは馬鹿で気狂いと言えるかもしれないけど、天皇制反対という考えは馬鹿でも気狂いでもない」

（『週刊現代』一九五九年五月三日号）


刺激的な放送である。投石した少年を公然と支持した。現在であれば、同じ内容は許されないか、炎上の対象となるであろう。

ドラマで描かれた不幸

こうした放送がなぜ許容されたのか。社会全体の浮かれた世相を「反省」する気持ちが、広く共有されたことは見過ごせない。

作家の石原慎太郎が『文藝春秋』（一九五九年八月号）に寄せた「あれをした青年」と題するエッセイを紹介しよう。石原は長野市に講演旅行に出向いた際、言い分を聞いてほしいと訪ねてきた少年と面会した（六月四日、少年帰郷の二日後）。少年の主張に耳を傾けてまとめたのが、このエッセイである。そこには次のようにあった。

彼〔投石少年〕の話の殆《ほとん》どが殆どの人間に理解されるだろうことを僕は信じる。彼を取調べ、彼を裁き、彼を気違いと言う名目（?）で放した人たちにも同じだったに違いない。彼の言う通り、現代では狂っている人間がまともで、まともな奴が可笑《おか》しいと言うことを誰もが感じてはいるのだ。その誤謬《ごびゅう》を修正する直接の行動のためには、今日では矢張り一種の狂気に近い誠実さと勇気がいると言うことも。

石原は、投石少年の誠実さを称賛する。天皇制に対する少年なりの異議申し立てにかなりの程度、共感したとわかる。

その後も、『週刊平凡』(一九五九年一一月二五日号)が少年の手記を掲載するなど、メディアは折々に彼の主張に耳を傾けた。それは、少年の異議申し立てに対する一定の共感の存在を示す。戦争が終結してからまだ日が浅いなか、悲惨な経験を忘れたかのように振る舞う自分たちへの反省の意味があっただろう。

作家菊村到《きくむらいたる》が御成婚直前に発表した小説に「天皇陛下萬歳!」がある(『別冊文藝春秋』一九五九年二月号)。フィリピンで戦死した戦友の甥の結婚式で、「皇太子の結婚と同じ年にぶつかったからおめでたいわけではない」と場違いなスピーチをしてしまった戦中派男性の物語だ。

主人公の男性は、「いまの皇太子くらいの年ごろの青年が、あの戦争のさなか、どんなふうに生き、そして死んでいったか、私たちは、もういちど考えなおしてみる必要があるのではないか」と訴えた。作者の菊村(一九二五年生まれ)は士官学校経験を持つ戦中派である。戦争を忘却しようとする世間への抗議であった。

御成婚当日のテレビ編成を見ても、皇室に対する複雑な気持ちが感じられる。KRテレビ(現TBSテレビ)は午後一〇時からドラマ「しあわせ」を放送した。若い男女が貧困のため結婚できない物語である。人びとが、富裕層出身の美智子に熱狂する一方で、貧困の問題がなお存在する実態に警鐘を鳴らした皮肉を込めた編成だと言えるだろう。日本民間放送連盟の番組審議会では、KRテレビの「レジスタンス」を評価する声が上がったが、「みんなが喜びを共にしておりますときにああいうのを出すのはどうか」とする批判もあった（「民間放送番組審議会議事録」）。

浮かれた気分とその反省という、複雑な意識が交錯するなかに御成婚はあった。

労働組合機関紙の論争

御成婚に対する複雑な思いは、天皇制に反対するはずの左翼陣営にねじれ現象を生み出す。ここで取り上げるのは、三菱造船の労働組合機関紙における論争である。

共産党などの革新勢力には、美智子の皇室入りは独占資本が旧勢力と手を結ぶ動きに見えただろう。労組系の日本機関紙通信は、婚約発表直後、「天皇制は屈服した」と題する評論家野口肇のコラムを配信した。そこには、「花嫁の父親は、三菱系の日清製粉社長、日経連常務理事、つまり日本独占資本のチャンピオンだ」「かれらは天皇制をその庇護《ひご》のもとにおき、天皇崇拝の古い国民感情まで自分の実力であやつろうと志している」と批判した。労働者階級は、天皇制と手を組んだ独占資本を警戒すべきだと論じたのだ。

このコラムが、全日本造船労組三菱造船支部の機関紙「三菱労戦」に掲載された。コラムを読んだ三菱造船長崎造船所の労働者久保川喜三郎は反発した。「三菱労戦」（一九五九年一月二一日）に反論を執筆する。

皇太子妃のこととなりますと私どもは、労働者という前に、国民として心よりお喜び申しあげたいのです。まして今度の正田美智子さんについては新聞、雑誌、ラジオなどを通じて知った範囲では、またとえがたい理想の人として、国民大多数の信頼と心よりの祝福を受けるにふさわしいとこそ、考えられるのではないでしょうか。

久保川は、評論家野口に反発していた。コラムを載せた組合執行部の釈明も求めた。久保川の文章は反響を呼ぶ。「〔独占資本の〕策謀があって話が進められてきたとは考えられない」とする美智子妃賛成論、「マス・コミに踊らされて、鉄砲かつぐことになる」という反対論……。国民的な慶事と考えるのか、あるいは天皇制の衣替えと考えるのか。

論争は『アカハタ』日曜版（一九五九年三月一日）でも紹介される。同紙は、「労働者という前に国民の一人としてという〝純真〟さが戦前わたしたちを戦争にひきずりこみ、いままた貧乏と戦争の危機を招いている」とする野口の反論を紹介しながら、春闘や統一地方選挙への影響を警戒した。

こうした立場を鋭く批判したのが松下圭一だった。労働者階級対資本家階級という位置付けは、労働者階級の新中間層化によって、無効になりつつあると松下は指摘した。労働者階級は、体制内の〈大衆〉として社会の中枢に位置付けられ、現体制の枠内で生活水準の向上を目指す。三菱造船の一労働者が、ミッチー・ブームを礼賛したように、〈大衆〉は天皇制を打倒すべき敵だとは考えない。労働者階級の体制内化に、左翼陣営が対応しきれない事態を松下は批判した。

右翼の会合と柳原白蓮

宮内庁にとって深刻だったのは、左翼よりも右翼であった。東宮職参与の松平信子が、美智子妃に反対し、右翼団体を動かした。松平は、秩父宮勢津子妃の母であり、女子学習院同窓会（常磐会）会長。松平と右翼を結んだのは、大正期に恋に生きた女性、柳原白蓮であった。侍従入江相政の日記（一九五八年一二月二二日条）には、「松平信子、宮崎〔柳原〕白蓮が中心となって今度の御婚儀反対を叫び愛国団体を動かしたりした由《よし》」とある。

具体的には、婚約発表の九日後（一九五八年一二月六日）、後楽園ホテルに右翼団体の重鎮たち約四〇人が集合した（「公安調査月報」一九五九年一月）。中心となったのは、大植基久麿《おおうえきくまろ》、本田葵堂《ほんだきどう》という活動家である。出席した柳原は次のように発言した。

皇太子様ともあろうものが、高《たか》が粉屋の娘にほれて騒ぐとは外国に聞えても恥《はずか》しい。皇后様は皇后様と崇められる様なお方でなければ私共は皇后様とは載〔戴《いただ》〕《ママ》けない。松平信子さんが私の処《ところ》に来て泣いて話すことは、皇族方にもずい分の反対があったのだが、岸〔信介首相〕が皇族方をなだめてやっとあの会議〔皇室会議〕を終らせたのです。

（『大右翼史』）

「粉屋の娘」とは、日清製粉社長の娘であった美智子を揶揄した呼び方である。首相の岸が皇族をなだめたとする部分は、皇室会議での岸の発言を指す。宮内庁長官の宇佐美毅による、美智子はカトリックの洗礼を受けていないとの説明に対し、岸は「美智子さんが外国へ旅行されましたことにつき、それは宗教に関係ございませんか」と聞いた。宇佐美は、聖心の同窓生の代表としての旅行であり、心配はないと回答した。宇佐美はさらに、「世間では、このたびの皇太子殿下の御婚姻について、カトリック関係の人々が策動したのではないかとのうわさがありますが、事実無根であります」とまで発言した（皇室会議議事録）。

結婚について、秩父宮勢津子妃・高松宮喜久子妃の反対はよく知られる。『入江日記』（一九五八年一〇月一一日条）には、「東宮様の御縁談について平民からとは怪《け》しからんというようなことで、皇后さま〔香淳皇后〕が勢津君様〔秩父宮妃〕と喜久君様〔高松宮妃〕を招《よ》んでお訴えになった由」とあり、香淳皇后も賛成しなかった。岸と宇佐美は、皇室会議の席でわざわざ発言して火消しを図ったわけで、皇族・旧華族の動きに敏感だったことはたしかだ。

「波多野」という婚約者

大正天皇の従妹《いとこ》であり、旧華族の身分ながら恋に生きた柳原が、皇太子が粉屋の娘にほれるのは恥ずかしいと主張するのも矛盾を感じざるを得ない。それ以上に、東宮職参与の地位にある松平信子が、右翼を動かしたのは驚きだ。右翼は、柳原を通じて美智子情報を得ていた。本田葵堂は機関紙「独立新報」に次のように書く。

　本人美智子は、本年己《ママ》〔已《すで》〕に二六《ママ》歳の晩婚で今日迄に二五回も見合をなし、何《いず》れも男性側より拒絶され成立せず、しかもその理由が、何れも「あんな元気のいい強い女では嬶《かかあ》天下で亭主を尻の下へ敷き家の中を引っかきまわされ、将来が思いやられるから……」との事だったといわれて居る。其《そ》の中で一人、波多野《はたの》氏だけは婚約が出来、相当深き関係まであり、今回の話が進行した為《た》め、昨年正田家より之《これ》を解消したとの事であるが、かかる婚約者があったとしたら、之れは全く身心の純潔を欠くもので到底、皇太子妃として、其の資格なき事は論ずるまでもなき事である。

（『大右翼史』から重引）

美智子が、二五回見合いをし、婚約者があったなどとする記述全体が、当時、かなり広まったデマだ。「波多野氏」とは、正田家と付き合いがあり、結婚の相談にも乗っていた波多野勤子《いそこ》の子息である。彼女が婦人誌に寄せた原稿が誤解され、子息が婚約者だと噂される。一部メディアが取り上げ、国会で「波多野」の名を挙げて質問する自民党議員（菊池義郎《きくちよしろう》）

までいた（衆議院内閣委員会、一九五九年二月六日）。噂は相応の影響力があった。

一部の動きに対して、右翼の重鎮である佐郷屋留雄《さごうやとめお》（戦前の浜口雄幸《はまぐちおさち》首相狙撃事件の実行犯）らが一九五八年一二月二二日に会合を開催する。天皇の判断（御聖許）がすでに下ったことを理由として、大植、本田らの策動を徹底的に粉砕するとした決議が採択された。「〔御聖許が下った〕今日においてとやかくいうのは臣下の分際としてはあるべからざるもの」と断罪されたのである。一部右翼の動きは抑え込まれた。運動は尻すぼみに終わる。

ミッチー・スタイルのホステス

ここまで天皇制について、パレードで投石した少年や、労働組合機関紙で論争する労働者など、〈大衆〉の真面目なあり方を見てきた。しかし、〈大衆〉はもっと、しなやかで、したたかでもある。この章の最後に、いまではほとんど顧みられないミッチー・ブームの別な様相を紹介しよう。

中高年男性の憩いの場であるキャバレーでは、ミッチー・スタイルが流行していた。川崎市小川町のキャバレーでは、テニスウェアに身を包んだホステスが、ラケットをお盆替わりにサービスした。こうした例は全国にある。大阪市北区曽根崎《そねざき》のアルバイトサロン（キャバレー）花馬車では、ホステスがミッチー・スタイルの花嫁衣装を着て、客を花婿に仕立てた（『アサヒ芸能』一九五九年三月二二日号）。

さらに過激な娯楽も存在する。ストリップ劇場だ。浅草のフランス座では、「おめでとう、皇太子」というパロディー劇が上演された（『週刊新潮』一九五九年一月一九日号）。ストリップの合間の幕間《まくあい》劇である。劇は、ラケットを手にした上半身裸の踊り子たちが、美智子役の女性の前で歌を歌うシーンから始まる。美智子に扮《ふん》する女優は、須磨早智子という二三歳。自主規制なのか、彼女だけトップレスではない。そこに皇太子役の男性が登場すると、踊り子たちから「皇太子さまが、いらっしたわ」と歓声が上がる。皇太子役が「美智子さん、待たせてわるかったね」と話し掛けると、美智子役は「いいえ、先にトレーニングをしていたのよ」と応じた。ここに、新聞記者役が現れ、次のようなやり取りを行う。

記者役「えー、ハダカ・タイムズの者ですが、インタービューをお願いします」
皇太子役「あっ、そう」
記者役「えー、ことしは皇太子さまと美智子さんの年だと思うのですが、ご結婚の日どりは、いつごろになるのでしょうか」
美智子役「新聞協定を守らなければいけませんので、ネエー、あなた」
皇太子役「あっ、そう」
記者役「えー、お二人の仲は去年の軽井沢からでしたね……あのォ、なには……」
皇太子役「いやまだ、そういうことは小泉さんから習っていません」

記 者 役「キッスは最初どこで何回くらい……」
皇太子役「大体月に二回と定められております」

ここでは、報道協定も、昭和天皇の口癖（あっ、そう）も、明仁皇太子と美智子の秘事も、小泉信三の存在もパロディー化される。その一四年前まで、つまり戦時中なら不敬罪となるであろう発言が、公然と娯楽化している。

青春期に戦争に動員された戦中派（大正生まれ世代）は、ミッチー・ブームのときは、三〇～四〇代。失われた自由を取り戻すべく、戦後という時代を謳歌《おうか》した。

敗戦後、日本は大きく変容する。それを民主化と捉え、時代に浮かれる人は多く存在した。そうした時代相のなかに御成婚はあった。

ここまで、ミッチー・ブームを、これまであまり触れられなかった視点から検証し直してみた。平民の暮らしが理想化され、皇室平民化を人びとは寿《ことほ》いだ。日本社会の近代化が完成に近づく時代に、ミッチー・ブームは位置した。

第7章　美智子妃の疲弊――憧れの限界

政治学者松下圭一は、正田美智子の登場をもって、大衆天皇制が本格化したと考えた。しかし、正田美智子／美智子妃をめぐる現象は、むしろ、大衆天皇制の「始まり」ではなく、大衆天皇制の「終わりの始まり」である。それまで素直に受け止められていた皇室の恋愛は、美智子妃以後、簡単には受け入れられない時代となるからだ。大衆からの人気・近さが、皇室を支えた時代は、終焉《しゅうえん》へと向かい始める。

美智子妃の誕生を境として、皇室が「私たちの理想」であった時代が終わる。「私たち」は多様化し、皇室が社会の理想を示した時代は幕を閉じていく。この章は、皇室に理想が読み込めなくなった時代の実相を見ていく。

1　姿を消す皇太子妃

「お痩せ」と「お疲れ」

正田美智子／美智子妃が人びとを熱狂させる現象は長続きしない。皇室への素朴な熱狂よりも、少し距離を置いた見方が一般化していく。

皇室入りした美智子妃は順調に公務をこなしたが、結婚から三ヵ月という予想以上の早さで懐妊が発表された（一九五九〈昭和三四〉年七月一五日）。これを境に、美智子妃がメディアに登場する回数は極端に減る。「なるべく静かに静養していただく」という慎重な方針が取られたからだ。皇室を変えることを期待された美智子妃であったが、世継ぎを産む伝統的な役割がまず求められていた。

徳仁《なるひと》親王（浩宮《ひろのみや》、現天皇）誕生（一九六〇年二月二三日）のあと、美智子妃は本格的に公務に復帰し、露出を再び増やす。女性週刊誌はほぼ毎週、美智子妃を取り上げた。この年の主たる行事は、九月下旬から約二週間の米国訪問、一一月中旬から約一ヵ月のイラン・エチオピア・インド・ネパールの四ヵ国訪問だった。

一方、外遊直前から、美智子妃の「お疲れ」「お痩せ」がメディアで取り上げられていた。婦人誌『マドモアゼル』（一九六〇年一〇月号）は、「美智子さんは、おやせになった。運動不足でふとっておられたご懐妊中とはくらべるまでもないが、何かと気苦労の多かったご結婚前後でも、これほどやせてはおられなかった」と苦労の累積が疲れとなったと推測した。

注目されたのは九月一九日の米国訪問前の記者会見である。皇室入り一年半の感想を聞かれた美智子妃は「むずかしいと思うこと、つらいと思うこともいろいろありました。いつになったら慣れたといえるか見当もつきません」「八方ふさがりと思うこともあります」と率直な感慨を述べている。美智子妃の苦悩が、肉声でここに初めて裏付けられた。

米国訪問では、美智子妃の完璧《かんぺき》主義もあり、結果として「お疲れ」が出る。九月二七日、ホワイトハウスで催された夕食会のあと、玄関付近で貧血を起こした。休養が十分でなかったらしい。『毎日新聞』(九月三〇日夕刊)は、側近の話として、以前と比較すると約一一キロ痩せたと報じた。結婚前の体重は五一・五キロであったが、訪米後は四三キロまで減ったと書く雑誌もある(『女性自身』一九六一年一二月四日号)。

新聞には、「産後のお肥立ちも思うにまかせず、ご結婚以前のあの豊かなホオもゲッソリとおやせになっていた」(東京都、四九歳会社員男性、『読売新聞』一九六〇年一〇月一日)、「なれぬしきたりに順応しようとしてのご無理、ご自分の意思というものは遠くへ忘れなければ勤まらないのが皇太子妃としてのお仕事のようだ」(群馬県、四〇歳主婦、『毎日新聞』一〇月四日)などの投書が掲載された。

ふっくらしていた美智子妃の体重減が公に語られ、結婚前の心配が可視化された。

小説「美智子さま」問題

社会的インパクトが強かったのは、直木賞作家小山いと子の小説「美智子さま」である。『平凡』が一九六一年一月号から連載を開始した実名小説で、正田美智子の誕生から疎開・結婚、そして徳仁誕生までを描いていた。

このなかには、秩父宮勢津子妃、高松宮喜久子妃との折り合いの悪さが仄めかされる。二人の宮妃が着付けや洋装の心得を指導したが、威厳や格式を重んじる宮妃たちと、美智子妃は趣味が合わないとの表現があった(一九六二年七月号)。美智子妃が白や紺の清楚《せいそ》な服を好んだのに対し、「それは町方《まちかた》好み」だと批判されたというのだ。美智子妃へのいじめを示唆する表現である。

伊勢神宮での水で身を洗い清める儀式(潔斎《けっさい》)を、辱《はずかし》めのように扱う場面も描かれた。「巫子《みこ》たちは表情を押し殺した顔で、美智子さまのお召物《めしもの》を脱がせた。美智子さまは、自分では一指《いっし》も触れることが出来ないのであった。羞恥《しゅうち》のため、美智子さまは赤くなり、うなだれ、不覚にも拒もうとされた」「巫女《みこ》はまるで赤ん坊を扱うように、全身残すところなく手を入れて洗い流すのである。同性とはいえ、身が縮むようだった」(一九六二年一二月号)などと表現された。不合理な習俗に、抵抗できない平民出身女性の悲しみが描かれ、美智子妃が「皇室の人になってしまった」との印象を与えている。

小山の筆は、プライバシーにも踏み込んでいく。結婚直後、夫婦となった明仁皇太子と美智子妃の二人が初めて過ごす夜の場面は以下である。

> そのひと〔明仁皇太子〕は近づいて、しっかりとこの手を握りしめてくれた。あたたかく脈打つ手。一本一本の指が、生きているように思い深く、何かを呼びさますかのように次第に力こめられる手。美智子さまは、その手の声に応えるように握りかえした。まことに、このときまでは肉体的には髪の毛一筋さえも触れずにいた二人であった。〔中略〕いわゆる恋愛技巧などは無用であった。講義を受けた生理衛生の知識なども不用といってよかった。苦難の道を経て来たゆえに、今二人きりでいられるということだけで満ち足りた幸福をお感じになっていた。皇太子は美智子さまの手や髪や額や、美智子さまの心ひそかに案じた唇にやさしく触れられた……。（一九六二年一一月号）

民社党議員（受田《うけだ》新吉《しんきち》）は一九六三年二月二一日、小説「美智子さま」を念頭に置き、「皇太子御夫妻のそういう日常生活に対するいろいろな描写された記事が雑誌等にも出ていることを、これも御承知でございますか〔中略〕これは人権を侵害するような内容ではないと御判断をされておるか」と質問した（衆議院予算委員会第一分科会）。受田が言う人権とはプライバシー権である。同じ時期、三島由紀夫《みしまゆきお》のモデル小説『宴《うたげ》のあと』をめぐり、モデルとされた元外務大臣の有田八郎《ありたはちろう》がプライバシー侵害を訴え、話題になっていた。日本でもプライバシーの概念が、本格的に移入され始めていたころだ。

国会での質問は、宮内庁を動かす。宮内庁は三月八日、出版元の平凡出版に対し掲載中止を申し入れる。宮内庁の指摘は、小説の名目で事実を書く実名小説のあり方が曖昧、事実と違う箇所がある、プライバシーに深く入り込んでいる——の三点にあった。平凡出版は三月一二日に、連載を中止し書籍化しないと約した。

皇室とプライバシー

宮内庁は前年から、週刊誌の記事の扱いと取材を問題化する。最初は『週刊平凡』（一九六二年八月二三日号）の美智子妃の水着無断撮影が問題となった。沼津御用邸裏の牛臥《うしぶせ》海岸で、皇太子夫妻が海水浴する場面が撮影され、「美智子さまが泳いでいる！」と題したグラビア記事にされた。写真はかなりの遠景で、○印で囲んだ説明がなければ、誰だかわからない。だが、水着姿の無断撮影という取材が、これまでにない手法であった。

宮内庁は、皇族にもプライバシーがあると主張したが、皇室の公（パブリック）と私（プライベート）を峻別《しゅんべつ》する思考法は、皇室のありようを変化させるインパクトを持つ。それは、これまで婚約・結婚・出産・育児という皇室の私的領域に属する事柄も、公のこととして扱ってきたからだ。皇室が示す家族像は、私的領域に属するように見えて、社会全体が目指すパブリックなものだった。ところが、皇室にもプライバシーがあるとの主張は、天皇・皇族にも、人びとが目標としなくてもよい個人的な領域があると認めることにつながる。人びとの側から見れば、「私たち」が目指すべき「理想」とは受け止められない部分とも接するということになる。皇室は、必ずしも、社会全体の理想ではなくなるのだ。

小山いと子は、一九五五年から『主婦の友』に小説「皇后さま」を連載し、香淳皇后の戦争までの苦労を描いた。読者が、皇后の苦難の経験を自分の体験に重ね合わせられる作品であり、読者からも宮内庁からも上々の反応を得ていた。皇室の私的領域は、まだ「公」と連続していた。

ところが、小説「美智子さま」が描かれた時代になると、小山の描写は興味本位の視線となってしまう。小山のスタンスは変化してはいないが、時代が変容したのだ。皇室におけるプライバシーの誕生は、皇室に対する受け止め方を変化させていった。

流産と転地静養

小説「美智子さま」が問題化するまさにそのとき、美智子妃の流産がクローズアップされる。

二回目の懐妊の宮内庁発表は一九六三年三月四日。その半月後の三月二二日、人工流産措置を取ることになり、宮内庁病院に入院して手術を受けた。手術の当日、宮内庁長官宇佐美毅は「一部の週刊誌でいろいろかきたてられた精神的なご心労が影響したのではないか」（『産経新聞』三月二二日夕刊）と、雑誌報道のあり方が流産の遠因であると仄めかす。『朝日新聞』（三月二三日）は、美智子妃は小説を読み、ショックを受け悩み続けたとする側近の話を紹介した。

宮内庁は病名が胞状奇胎《ほうじょうきたい》とはっきり公表する。美智子妃は、すぐに退院したが、その後も微熱が出ることがあった。宮内庁は、婚約・結婚以来の疲労が積み重なったとし、約三ヵ月間の葉山御用邸での静養を計画する。そして、静かな環境を保つため四月一〇日、静養期間は取材を見合わせてほしいと日本新聞協会に要請した（『新聞協会報』四月一六日）。

新聞・放送各社はこれを受け入れる。宮内庁はさらに日本雑誌協会にも同じ趣旨を要請した（『日本雑誌記者会二五年史』）。雑誌協会も最終的には取材は行わないと申し合わせた。

美智子妃は四月一七日に葉山に向け出発する。静養は予定から一ヵ月強延びて八月末までとなり、取材自粛期間も延長された。ただし、葉山では海水浴客が多くなるため七月二日でいったん東宮御所に戻り、軽井沢へ場所を移した（七月八日〜八月三一日）。

この間、メディアは、美智子妃についてほとんど報じなかった。『読売新聞』（六月二六日）の投書欄には、「その後のご様子が全く報道されません。私たち国民は少なからず妃殿下のご容体を案じており、ぜひお知らせ願います」（東京都、三〇歳会社員女性）と、報じ方に疑問を呈する者もあった。新聞・雑誌・ラジオ・テレビは、結婚・出産を華やかに報じたが、皇太子妃の不適応は見たくない、あるいは、報じにくい事象であった。

取材自粛の申し合わせ違反をしたのは『週刊明星』（六月二三日号）だ。記者とカメラマンが葉山のヨットハーバーでの別の取材を終え海岸を散歩しているとき、偶然に美智子妃と徳仁親王に出会ったとして記事にした。病状の噂についても「肉体的なご病気ではない、しかもいましばらくご静養が必要であるということになれば、ご病名（しいてつけるとすれば）もたいがい見当がつく。昔なら神経衰弱、いまでいうノイローゼである」と踏み込んだ。

実際、美智子妃に何が起こっていたのだろうか。静養前年の一九六二年一一月七日、前宮内庁長官の田島道治は、東宮大夫の鈴木菊男と会い、「お手料理、席次、ノイローゼ気味」と記述した（「田島日記」）。ノイローゼ気味なのは、美智子妃だろう。美智子妃は、宮中の生活に悩み、流産や小説「美智子さま」問題が重なり、限界を迎えていた。

美智子さまの微妙な「ほほえみ」

美智子妃の本格的な公務復帰は一九六三年九月、山口県で行われた国体夏季大会の競技視察であるが、日程の途中で美智子妃だけの休養日が設けられるなどの配慮があり、無難にこなした。

美智子妃はかなりの熱意を持って公務に臨んだ。たとえば、農業に従事する二三人と懇談した「農村青年のつどい」（九月一七日、小郡《おごおり》町〈現山口市〉）では、「今日のような研究会に、女性の出席がもう少し多くなってもよいのではないでしょうか」「〈女性が農家に嫁ぐのを嫌う〉原因を調査した科学的なデーターがありますか」と積極的に発言した（「農村青年のつどい記録」）。病み上がりながら、気丈に振る舞っている。

メディアも表面上は、美智子妃の「御回復」を報じたが、体調が実はまだよくないのではという読者の想像にも応えていく。山口県訪問の際、ホテルでの休養日を報じた『女性自身』（九月三〇日号）には、明仁皇太子を見送る美智子妃が、疲れ気味で笑顔がない瞬間を切り取った写真が掲載された。記事は、地元民から花が贈られたことを紹介したほか、「美智子さまのほほえみは、明るかった」と前向きな記述に終始する。しかし、読者が見たかったのはそうした建前ではなく、疲れ気味の美智子妃であっただろう。

2　常陸宮華子妃の誕生と人びとの反応

初恋の人は小野洋子

昭和天皇の弟宮雍仁《やすひと》親王（秩父宮）が結婚したとき、兄の結婚よりも大きな祝福が起きた。恋愛要素が、より強い結婚であったためだ。では、明仁皇太子の弟宮の場合はどうだっただろうか。

正仁《まさひと》親王（義宮《よしのみや》、現常陸宮《ひたちのみや》）は、明仁皇太子より二歳年下の弟宮である。学習院大学理学部化学科を一九五八（昭和三三）年に卒業したあと、東京大学理学部動物学研究室の研究生となり、ハトの嗉嚢《そのう》乳（ピジョン・ミルク）の研究を行うなど学究の道に進んだ。結婚相手は旧弘前藩主家出身の津軽華子《つがるはなこ》で、結婚の儀は一九六四年九月三〇日。しかし、華子が旧華族家出身であったことで、美智子妃誕生のときのような盛り上がりには欠けていた。

妃選考が開始されたのは、明仁皇太子の御成婚（一九五九年）が終わったあとであった。週刊誌には「次は義宮さま」として多くの女性の名前が出始める。

興味深いのは、のちにジョン・レノンと結婚するオノ・ヨーコ（当時は小野洋子）が雑誌で何度も正仁親王の初恋の人と言及されることである。小野は学習院女子高等科を卒業後、学習院大学文学部哲学科に入学し、演劇部に所属した。高校生であった正仁親王は彼女に関心を持ったため演劇部にアプローチし、これは正仁親王の初恋だったと書かれた（『若い女性』一九六〇年四月号など）。

一九六〇年一二月二〇日、宮内庁次長の瓜生順良《うりゅうのぶよし》が、定例記者会見で「〔結婚は〕早すぎるということはない。まだ具体的にご結婚相手の候補者は出ていないが、こういうことは話が出れば案外はやくまとまることが多いので、うまくいけば来年〔六一年〕の終わりごろには婚約正式発表の段取りになるかもしれない」と発言した。正仁親王は二五歳。すでに、兄明仁皇太子の婚約発表時年齢（二四歳）を超しており、取材陣はいよいよ決定かと色めき立った。

ただ、残念ながら、婚約の過程を示す史料は公表されていない。侍従職参事で、正仁親王付であった東園基文《ひがしぞのもとふみ》が選考責任者であったことは間違いないが、日記などの存在は明らかではない。

そのなかで、明仁皇太子の学友で、学習院時代は正仁親王と寮で同室であった共同通信記者（当時）の橋本明が詳細な分析を行っている（『美智子さまの恋文』）。橋本は多くの著作を残すが、真偽不明の記述が多い。

たとえば、『美智子さまの恋文』には、書名のもとになった正田美智子／美智子妃が書いたとされる二通の手紙が掲載されるが、内容から考えて本人が書いたとは思えない。一九六〇年一月、出産直前の美智子妃が、乳人《めのと》制度をやめて「黙って私がお乳をあげて育ててしまうなどということは出来ないのでしょうか」と書いたとされる。だが、すでに前年秋の段階で、乳人廃止は新聞で報じられており、記述は辻褄《つじつま》が合わない。「美智子妃の手紙」とされる史料が捏造物《ねつぞう》（ニセモノ）であることは明らかである。私は生前の橋本に対し、私信である手紙がなぜ流出し、橋本がなぜ入手できたのかを尋ねたが、不合理な説明を繰り返すだけであった。

橋本の著作は、細かい点に及んでおり役に立つ点も少なくないが、他の史料と突き合わせながら内容を精査する必要がある。

民間妃阻止へ皇后の訴え

そうした前提のうえで、橋本の記述を見直してみる。

彼の最大の情報源は、侍従職参事で正仁親王付の村井《むらい》長正《ながまさ》であった。橋本は一九六一年九月、村井から、正仁親王の妃は、美智子妃と仲よく協力できる女性、すなわち旧皇族・旧華族でなく、さらに学習院出身者でないことが必要だとの考えを聞いた（『美智子さまの恋文』）。村井の念頭には、味の素会長である鈴木三郎助《さぶろうすけ》の孫娘（以下、「味の素令嬢」）ら民間の数人があったと考えられる。

一九六二年二月二日、元首相の吉田茂は、木戸幸一らとともに葉山御用邸で昭和天皇夫妻と昼食を取った。お茶のあと吉田だけが、香淳皇后に拝謁した（『入江日記』）。皇后は、正仁親王の配偶者が「平民妃」となることには反対であると伝えたかったが、うまく言えなかった。後日、何らかの形で気持ちを吉田に伝えたようだ。働き掛けを受けた吉田は、首相の池《いけ》田《だ》勇人《はやと》に以下の手紙を書く（『人間昭和天皇』）。

〔皇后の〕御心配の筋は、義宮様〔正仁親王〕の御結婚においても民間よりお腰《ママ》〔輿《こし》〕入れになる場合の御心配にて、もっともと存じられ候《そうろう》。ついては、もし宮内府《ママ》〔庁〕長官〔宇佐美〕より御相談された節は、閣下よりは、考えおくと申され、直ちに御賛成なきようお願いいたしたく……。

（一九六二年二月二〇日、『吉田茂書翰』）

香淳皇后は元首相に手を回して「平民妃」を阻もうとした。意を受けた吉田も皇后側に立ち、現職首相に圧力をかけたことがわかる。皇后から首相への依頼は、宮内庁長官の宇佐美にも伝わった（『入江日記』二月六日条）。

香淳皇后が阻もうとした「平民妃」が誰なのかははっきりしないが、「味の素令嬢」ではないかと思われる。「味の素令嬢」は、森村学園高等科出身であり、学習院とは関係しない。美智子妃同様の平民女性として週刊誌にたびたび登場する。事情をよく知っているはずの柳原白蓮は、「味の素令嬢」について「前は粉屋で今度は味の素か、もしそんなことでもやったら許さんぞ」と、「ある男」が宮内庁に抗議した事実を週刊誌に漏らした。右翼の圧力であろう。柳原は、「美智子妃の問題以来、宮内庁はずいぶん、ほうぼうからこんな苦情が持ち込まれてるんで、今度は懲りてるだろうよ。当然だよね」と続けた（『週刊新潮』一九六二年一一月一九日号）。

香淳皇后の周囲には、高松宮喜久子妃や松平信子がいる。首相への訴えは、皇后の単独行動でも、思い付きの突発行動でもなく、第二の平民妃を何としても阻止するために練られたものだろう。このころの週刊誌は、「宮中の一部には美智子妃に対するもやもやっとした空気があり、皇室に近い人の中から選んでほしいという希望があるようだ」（『週刊現代』一九六二年一月七日号）と強調し、平民妃を嫌う守旧派勢力がいると盛んに報じていた。

皇后のお気に入りは山内家令嬢

橋本は、先ほどと同じときの村井への取材（一九六一年九月）で以下を聞いた。

〔平民妃を推す村井らに対し〕強力な反対が錦江会《きんこうかい》から出された。錦江会は山内〔原文はフルネーム〕を推薦し、譲ろうとしない。高松宮妃が皇后陛下を抱き込んで、強力に運動を展開しているのだ。（『美智子さまの恋文』）

錦江会は、薩摩島津家の関係者でつくる一門会。この錦江会が、島津家とも血縁がある旧土佐藩主の山内家の女性（以下、「山内家令嬢」）を推してきたというのだ。

「山内家令嬢」は、母が旧福岡藩主家（黒田家）の出身で、黒田家は島津家と姻戚関係にあった。当時、学習院大学文学部イギリス文学科に通っており、多くの週刊誌は旧華族からの候補のひとりとして名を挙げている。婚約内定直後の『読売新聞』（一九六四年一二月二九日）は、この女性を「元華族令嬢」として、香淳皇后の意中の人だったと記した。同じく内定後の『朝日新聞』（一二月二八日夕刊）を合わせると、一九六一年春、高松宮邸敷地内で開かれたファッションショーのモデルのひとりが「山内家令嬢」で、香淳皇后は彼女を見るためにショーを訪れ、彼女をさらに気に入ったのだという。

結果として、「山内家令嬢」は選定されない。島津家を通じた正仁親王との血縁の濃さが問われたとも考えられるが、七親等と十分に離れ、この点は問題ではなかったと思われる。彼女の大祖母は、大正の宮中某重大事件の色覚障碍のもととなった島津家の側室、山崎寿満《すま》であった。大正期の調査でも、黒田家には影響しないと明らかになっており、これも問題ではなかったであろう。

平民妃派が推す「味の素令嬢」と、旧華族派が推す「山内家令嬢」がせめぎ合い、結局、どちらにも決められなかったというのが事実に近いのではないだろうか。

報道協定の不成立

その後も雑誌報道は過熱する。正仁親王は和歌山訪問中の一九六三年三月二八日、記者会見で「結婚は公的な行事かもしれませんが、いまは私的な問題なのでそっとしていただきたい」と発言した。ちょうど、小説「美智子さま」で皇族のプライバシーが問題となっているとき。興味本位に書き立てられる女性に迷惑が掛かると正仁親王自身が心配したと宮内庁は説明した（『朝日新聞』三月二九日）。

これを受け、朝日新聞社は公式発表まで取材や原稿を見合わせようと各社に提案したが（『朝日新聞』一九六四年二月二八日夕刊）、まとまらなかった。この動きを見た宮内庁長官の宇佐美は一九六三年八月一四日、日本新聞協会を訪れ、「皇太子ご結婚と同様の趣旨で新聞界の協力を得たい」と要請する（『新聞協会報』八月二〇日）。

ところが、読売新聞社が報道の自由を主張したため、結局、協定は成立しなかった。その代わり、宮内庁の申し入れの趣旨を尊重して「取材、報道はその線に従って注意する」と申し合わせる（『新聞協会報』九月一七日）。この申し合わせは曖昧であり、取材チームを解散し宮内庁担当だけで取材する体制に転換する社もあれば、水面下での取材を続けた社もあった。発表前に書いていいのかどうかもはっきりせず、実際、問題が起きてしまう。

お見合いのスクープ

こうしたなか浮上したのが、津軽華子（婚約時二三歳）である。父の津軽義孝《よしたか》は旧弘前藩主家の当主で旧伯爵。もともとは、尾張徳川家分家の男爵徳川義恕《よしくみ》の次男であり、養子となり津軽家を継いだ。華子はその娘で、一九六一年、学習院女子短期大学文科（英語専攻）を卒業した。

津軽華子が浮上したのは一九六三年夏であった。津軽義孝には四人の女子があり、上の三人はすでに嫁いでいた。このため、四女華子には婿養子を取ることが予想され、候補から外れていた。ところが、津軽家が華子の嫁入り先を探しているとの情報が、高松宮喜久子妃周辺に入る。八月には華子の写真が香淳皇后に渡った。宮内庁は一二月二五日、津軽家に縁談を申し入れた（『読売新聞』一九六四年二月二九日）。

動きは、読売新聞社や中部日本新聞社（現中日新聞社）の取材班が早くに気付き、華子をマークする。ところが、スクープしたのは、取材班を縮小したため、出遅れていた朝日新聞社であった。『朝日新聞』（一九六四年二月二一日）は、正仁親王が華子と二月二〇日、「お見合いをされた」との特ダネを一面に掲載する。本人同士は、この「お見合い」で初めて会ったばかりであった。

他社からは、申し合わせ違反だと指摘する声が上がった。それとともに、見合いをしたばかりの翌日に報道した性急さにも批判が出る。これに対し、『朝日新聞』（二月二八日夕刊）は、見合いのあと、午後六時と九時半、記者が津軽家を訪問し、「このお話は、間違いなくまとまる」との確信を得たうえで記事化したと釈明する。

実際、見合いの八日後（二月二八日）に皇室会議が開かれ、結婚が決まったのだから、見合いが結婚に直結すると見立てた朝日の報道は間違っていない。ただ、見合いは、家が結婚相手をアレンジするのと同時に、最終的には本人の意思を尊重する仕組みである。見合いをした途端、翌日紙面にスクープされてしまうのだから、本人たちの意思がどれほど尊重されたのかという印象は残る。

『中部日本新聞』（二月二一日夕刊）は、この「お見合い」について、「皇室のご婚約というものを検討してみると大きな制約のあることに気づく。〔中略〕資料と聞き込みだけをもとに女性を取捨選択する。生きたご当人同士の出会いは「お見合い」の瞬間までほとんどありえない」と批評した。

皇太子の恋愛が歓迎されたあとの「お見合い」は、皇室の古さをあらためて浮き彫りにした。そもそも近代皇室の結婚は、通婚制限を緩和する歴史だった。明仁皇太子のとき、「同等性の原則」の呪縛《じゅばく》から脱したにもかかわらず、二歳年下の弟宮は旧伯爵家の娘と婚約した。通婚範囲を再び限定したように見えてしまい、時代に逆行した印象を与えた。

結婚への疑問

この結婚に、公然と疑問を投げ掛けたのは、元学友の橋本明であった。「新しい皇室の行き方を示した皇太子の弟宮、常陸宮〔正仁親王〕のご結婚としては、意外な人選であった」とする橋本は、戦後、消滅したはずの旧皇族・旧華族は美智子妃を「皇室の伝統に合わない」と考えており、津軽華子の選定に「快哉《かいさい》」を叫んでいると結論付けた（『女性自身』一九六五年八月九日号）。華子の選択は、旧皇族・旧華族が皇室民主化の行き過ぎに反発した結果だと位置付けたのである。

一九六四年九月三〇日に行われた結婚の儀は、明仁皇太子と美智子の結婚と比べると、大きな注目を集めたとは言えない。そもそも、皇太子の結婚は憲法が定める国事行為であったが、正仁親王の場合は公事とされた（現在の概念だと公的行為）。そのため、皇居での儀式のあと、馬車を使ったパレードはなく、自動車での帰邸となる。沿道の観衆は五万人。皇太子

伊勢神宮に結婚を奉告するため三重県に着いた常陸宮夫妻
華子妃の最敬礼が議論を呼んだ．鳥羽国際ホテルで，1964年10月6日　朝日新聞社

御成婚のときの六一万人とは、熱気が異なった。

結婚の儀は、東京オリンピック開会の一〇日前だった。『女性自身』（一〇月一二日号）は、新宿区の津軽邸周辺では提灯行列があり、住宅街が人の波で埋まったとする。その一方、「なにしろオリンピックとごっちゃになっていますからね。都民はニュースにおぼれている感じなんですよ」と「わきかえらざるの弁」を伝える。

結婚の一週間後、正仁親王と華子妃は、伊勢・奈良への結婚奉告の旅に出掛けた。このとき、華子妃の夫に対するお辞儀の所作が議論になった。三重県のホテルに到着した際、先に自動車を降りた華子妃が、深々と最敬礼する姿が男女平等の精神に反すると論争になったのである。

地方紙『北日本新聞』（一一月五日）に掲載された女性公務員によるコラムを『週刊現代』（一二月三日号）が転載した。女性は「現在はもちろん、戦前でも人々の面前で、妻が夫に最敬礼をしたり三尺下がってその影をふまないように、つきしたがうというようなことは全然なかったし、まして、それが、新しい時代の夫婦のあり方として、自然な好ましいものであるとは到底思われない。若いカップルは手を取り合って、さっそうと歩いている」と強く批判した。

作家の石坂洋次郎《いしざかようじろう》も、民主主義と男女平等を謳う日本では、皇室が国民に範を示すべきで、最敬礼は外国人に奇異の感を抱かせると疑問を呈する（『朝日新聞』一九六五年九月二一日）。

恋愛と平民性が称賛された皇太子御成婚と異なり、正仁親王と華子の結婚は古さと反動が目立った。華子妃のお茶目さや、チャーミングぶりに注目する記事もあったが、結局のところ、皇室はやはり遠い存在であると人びとが再認識したイベントだったと評価できよう。

バーのマダムとの事故死

同じ時期、皇室への失望を感じさせるスキャンダルが起きる。

一九五〇年に和子内親王（孝宮《たかのみや》）と結婚した鷹司平通《としみち》が六六年一月二七日、バーのマダムの自宅マンションで、一酸化炭素中毒のため、亡くなったのだ（四二歳）。銀座のバー「いさり火」で飲んでいた鷹司は、三九歳のマダムと一緒に彼女のマンションに向かい、ガスストーブをつけっぱなしにして寝てしまったため、彼女とともに事故死したのだ。マダムとはいわゆる愛人関係にあった。

結婚前、前例のない内親王との交際や音楽という共通の趣味が恋愛だと受け止められた鷹司。ところが、事故死後は「皇室から奥さんをもらったことで、やはりいろいろ生活に縛られていた。それで酒に向ったのだろう」（『週刊朝日』二月一一日号）と語られている。

一緒に亡くなったマダムは愛知県立第一高等女学校を卒業。国文学の教師を目指し、奈良女子高等師範学校に進学を希望したものの、戦争のため断念し、女子挺身《ていしん》隊の一員として工場で働いた。戦後は、洋裁や美容を学び生計を立てようとするうちに婚期を逃し、ホステスとなった。鷹司は、酒場で短歌や詩を語る知的な雰囲気、彼女の苦悩の人生に、妻とは違う魅力を感じたのだろうか。

恋愛と結婚とは何であるのかを考えさせられる事件である。いずれにしても、皇室における「幸せの結婚」の虚構性が露《あら》わになった出来事だった。

3　時代の転換と皇室

理想の時代から夢の時代へ

社会学者の見田宗介《みたむねすけ》は、戦後日本は一九六〇年の安保闘争を境界線として、「理想の時代」から「夢の時代」へと変化したと論じた（『現代日本の感覚と思想』）。「理想の時代」とは、理想を現実にしようと人びとが努力した時代である。理想という到達点に皇室が位置した。

しかし、高度経済成長により、理想は現実となる半面、実現しない理想もあることが明らかになった。「夢の時代」は、社会が共有する理想という大きな目標が失われ、私生活のなかに閉じた「夢」が追求される時代である。レジャー、マイカー、マイホーム……。サラリーマンの夫に、専業主婦の妻、その間に二人の子供という核家族のあり方が全域化し、それが人びとの小さな「夢」となる。戦災からの復興、村づくりと国づくりという大きな（公的な）目標（理想）よりも、核家族における個別の小さな（私的な）目標（夢）が、人びとの目指すゴールに変化した。

そのなかで、理想の中心であった皇室に対する関心も低下する。皇室は、社会全体の目標（理想）でないことが、美智子妃の病気や静養で明らかになっていく。皇室が、日本の近代化の大きな目標であった時代は、終わりを迎える。

皇室のマイホーム主義

高度経済成長に伴い、日本で豊かな社会が実現し、それに適合する形でマイホーム主義が蔓延する。マイホーム主義は共同体から解放された個の成立というポジティブな意味を持ったが、一方で、個人的な関心に閉じこもるというネガティブな意味も合わせ持った。

明仁皇太子と美智子妃は、まさにマイホーム主義のカップルとして表象された。社会学者の藤竹暁《ふじたけあきら》は、週刊誌の皇太子一家のグラビアに人びとは「自分たちが到達しようとしていたマイ・ホーム像を見出していた」とまずはポジティブに位置付ける。しかし、皇太子一家のマイホーム表象は、「理想」が特権化された従来の皇室写真とは根本的に異なる。藤竹は、「読者にとっては、そこに紹介されるマイ・ホームは映画スター、歌手、スポーツ選手、誰でもよかったのかもしれない」と続けた(『日本人のスケープゴート』)。皇室が、テレビのスターやスポーツ選手と同列に消費される存在になったという。社会学者の吉見俊哉も、『女性自身』に掲載された美智子妃の家庭での写真に注目し、消費可能な広告写真の世界だと論じた(「メディア天皇制とカルチュラル・スタディーズの射程」)。

社会の「理想」の結節点であることが、それまでの皇室の存在意義であった。ところが、個々人の「夢」のモデルは皇室である必要はない。皇太子夫妻とそのマイホーム主義的振舞いが、人びとの「夢」とつながることは間違いないが、それは皇室の存在意義を減じる効果を持った。

皇太子夫妻のマイホーム主義に対して、一九七〇年代以降、批判が強くなる。皇太子夫妻が私生活を重視するように見えることへの不満が高まる。たとえば、一九七一年二月、札幌での冬季プレ五輪開会式前のスケート場で、二人が手をつないでペアスケートをした。公務であるのに、夫婦で仲よく遊んでいるようにも見えた。さらに、このとき、明仁皇太子は報道陣の前で派手に転んでしまった(『朝日新聞』二月八日)。権威とは遠いところにある皇太子夫妻像である。

学習院時代の同級生である作家藤島泰輔は「皇太子さんは少し普通の人になろうという努力が過ぎるんじゃないか」と、皇太子夫妻は皇室の民主化に踊らされていると批判する（『流動』一九七一年一〇月号）。明仁皇太子の威厳のなさが批判と揶揄の対象となり、口髭《くちひげ》を生やすべきだと主張する週刊誌まであった（『週刊ポスト』同年四月一六日号）。

美智子妃とスケートをするなか転んでしまった明仁皇太子　札幌冬季プレ五輪開会式前のスケート場で，1971年２月７日　朝日新聞社

明仁皇太子の「不評」「不人気」がメディアの話題になり、中年となった皇太子夫妻の魅力が減少したと公然とささやかれた。『週刊新潮』（一九七五年一月二三日号）の見出しは「「皇太子殿下が一部で不評」についての国民の心配」、『女性セブン』（同年二月一二日号）の見出しは「皇太子殿下は本当にそんなに不人気なのか？」であった。

人間的な皇族の姿を描く報道

は定型化し、全体として人びとの関心は薄れる。政治学者の渡辺治《わたなべおさむ》はこれを「天皇制の地盤沈下」と呼んだ（『戦後政治史の中の天皇制』）。時代と社会が安定すると、人びとが皇室を参照する必要は減じていく。

近代への懐疑の時代の皇室

正田美智子の登場まで、日本社会には、戦前家族（家制度）の封建制を乗り越えるという具体的課題があった。家族と結婚を新しくしなければならないと多くの人びとが考えた。交際期間を経て、自らの意思で結婚に至るべきだという結婚改善の機運が盛り上がったのだ。近代家族像が人びとの理想であった。

正田美智子／美智子妃が登場した一九五〇年代末から六〇年代前半、日本の歴史は転機であった。復興を達成しつつある日本は国民国家としてひとつの完成を迎える。高度経済成長により富は行き渡り始め、地方の住民を含め、人びとは豊かさを実感できるようになった。近代は全域化し、そして臨界点に達する。

そのなかで、「近代＝目指すべき理想」というテーゼが崩れ始める。水俣病《みなまた》に代表される公害、地域コミュニティーの弱体化、それに伴う青少年問題の登場……。さまざまな社会問題が噴出し、経済成長にも陰りが見える。近代への懐疑が浮上するのだ。

正田美智子／美智子妃は、近代という理想がまだ信じられる時代から、近代が疑いの対象となる時代に変化する過渡期に登場した。皇室の恋愛が素直に信じられる時代から、疑いの対象となる時代に変容していく。

大衆天皇制の「終わりの始まり」

政治学者の松下圭一が、大衆天皇制の時代と呼んだものは、家族の近代化を通じて、皇室と人びとが結び付いた時代である。松下は大衆天皇制の「成熟」という言葉を使い同じ状況が戦前にも存在したと理解はした。そして、この状況はこれからさらに花開くと考えた（7-1の松下説A）。

これに対し、私は二点を指摘したい。

第一に、大衆天皇制的状況、本書の文脈では皇室の恋愛と結婚が人びとのモデルとなった時代は、定説よりももっと早く明治後期には開始しており、大正時代には本格化していたという点である。

第二に、高度経済成長の本格的な開始と同時に登場した正田美智子／美智子妃によって、大衆天皇制の終わりが始まるということだ。人びとは、皇室の恋愛を素直には受け止めず、距離を取って受容するようになる。これを、ポスト近代の天皇制の時代と呼びたい。大衆天皇制は、ポスト近代の天皇制に移行していく（7-1の新モデルB）。ポスト近代では、社会全体の理想という目標が掲げにくくなる。皇室が必ずしも家族の模範にならない時代が訪れ

7-1　大衆天皇制の時代区分モデル

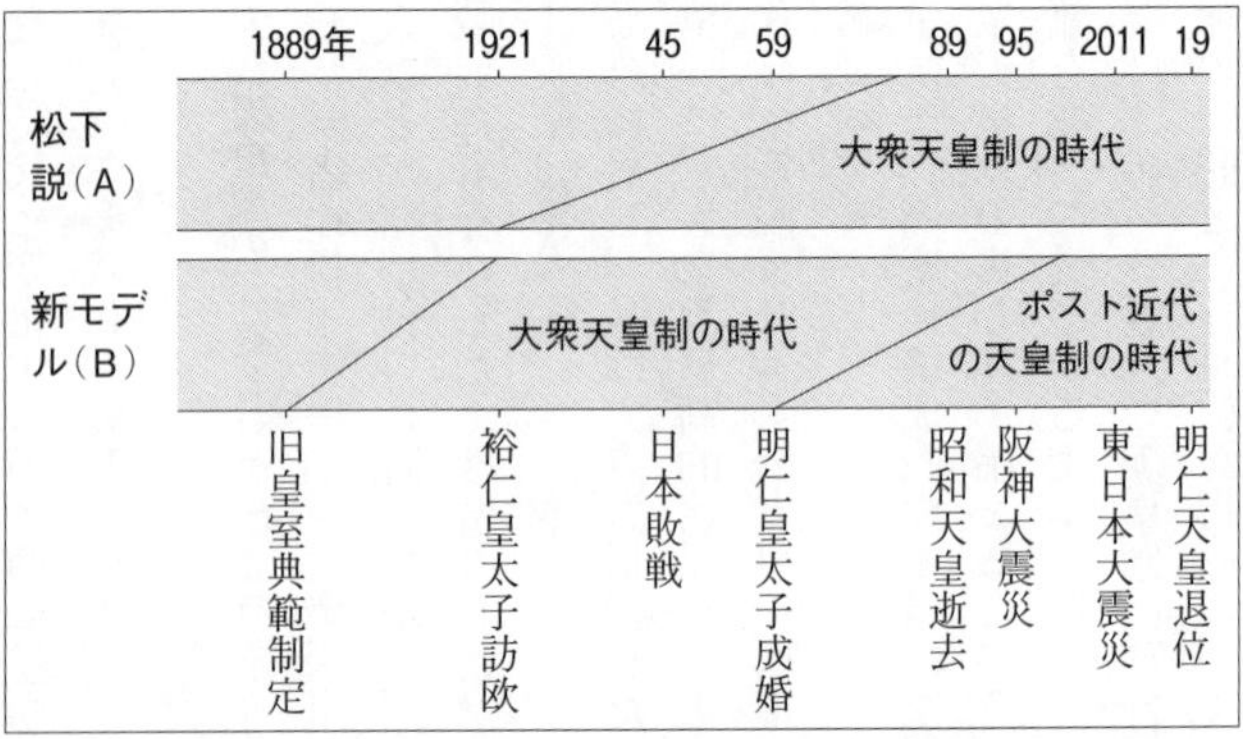

るのである。

家族の輪郭が曖昧であった皇室は、明治以降、近代家族化を目指す。同じ変化は、一般社会でも起こった。故郷を出た人びとは、都市新中間層となり、近代家族をつくっていく。近代、つまりは大衆天皇制の時代は、皇室と人びとが家族という理想を共有できた時代である。

しかし、ポスト近代の天皇制は、家族の動揺の時代と重なる。現代日本では、すべての人が恋愛と結婚に夢を見いだせなくなった。そんな不安定な時代の皇室は、大衆天皇制のもとにあったときとはあるべき姿が変わってくる。

皇室の恋愛を、明治から昭和までという長いスパンで概観し、皇室と人びとが家族の近代化という理想を通じて蜜月だったことを示す本書の試みは、ひとまずここで終わる。続く終章では、ポスト近代のもとにある二一世紀の皇室について論じる。

終章　「眞子さま問題」と二一世紀の皇室

昭和も、そして平成も終わり、家族の脱近代化の動きはさらに明確になる。個人の自律性が増し、結婚するかしないか、どのようなパートナーを選ぶのか、人びとはより選択的になっている。結婚の公的意味が低減し、多様なライフスタイルが受け入れられるようになった。非婚、シングルマザー、事実婚、別居婚、離婚……。従来型の結婚の形は必ずしも重視されず、家族を単位とした社会は変容しつつある。近年では、LGBTQ（性的少数者）の立場から男女の「常識」への異議申し立てもある。

本書の最後に、二〇二一（令和三）年までの数年にわたり、皇室の恋愛が議論になったいわゆる「眞子《まこ》さま問題」を題材に、これからの皇室を考えてみたい。

世論を二分した結婚

秋篠宮《あきしののみや》家の長女眞子内親王は二〇二一年一〇月二六日、国際基督教《キリスト》大学（ICU）の同級生だった小室圭《こむろけい》と結婚した。二人はともに三〇歳。大学生時代の二〇一二（平成二四）年から交際を開始したから、九年越しの恋を実らせた形だ。

小室には、問題があった。母親とその元婚約者との間の金銭トラブルである。週刊誌やワイドショーの多くは、約四〇〇万円のトラブルを抱える小室母子を批判する側に回った。皇族の結婚が多くの人から祝福されない形で行われるのは、いかがなものかという点に、非難は集中した。本書の文脈から見れば、〈大衆〉からの支持を基盤とする大衆天皇制の根底を揺るがす問題だということだろう。

二人の結婚は二〇一七年五月一六日に明らかになった。九月三日には婚約が内定し、二人そろっての記者会見も行われた。当初予定では結婚式は二〇一八年一一月四日のはずであった。

ところが、『週刊女性』(二〇一七年一二月二六日号)が、金銭トラブルを報じる。小室は実父を一〇歳のときに亡くし、母親にはその後、再婚を前提に交際した男性があった。この元婚約者から、交際中に渡した金の返済を求められたのである。それも直接ではなく、週刊誌を通じた請求で、記事は金を無心する母子が悪《あ》しざまに書かれていた。

報道を受け、宮内庁は二〇一八年二月六日、結婚の延期を発表する。小室はこの年八月、米ニューヨーク市のフォーダム大学法科大学院(ロースクール)に留学するため渡米した。二〇二一年五月に卒業し、九月には同市の弁護士事務所で働き始めた。

この間、マスメディア上だけでなく、SNS上でのバッシングは過酷を極めた。小室は礼儀知らず、野心家、身勝手、母の言いなり、母親は借金を贈与と言い張るトラブルメーカーなどと批判された。眞子内親王にも、公より私を優先しているとの非難が向かう。

バッシングが続くなか、皇嗣職《こうししょく》大夫《だいぶ》の加地隆治《かちたかはる》は二〇二一年一〇月一日、結婚を正式に発表した。眞子内親王は、本人と小室、および双方の家族に対する誹謗《ひぼう》中傷のため、複雑性心的外傷後ストレス障害（PTSD）となっていた。

眞子内親王には、皇室を離れる際の一時金が支払われる予定であった。皇孫であるので一億三七二五万円のはずである。だが、一時金受給によって、さらに中傷が続く事態が予想され、精神的負担を感じた眞子内親王は、受け取りを辞退した。

また、皇室における一連の結婚儀式（納采《のうさい》の儀、告期《こっき》の儀、賢所皇霊殿神殿《かしこどころこうれいでんしんでん》に謁《えっ》するの儀、朝見《ちょうけん》の儀、入第《じゅだい》の儀）も、結婚式自体も、行われなかった。父親である秋篠宮文仁《ふみひと》親王が、多くの人が納得をし、喜んでくれる状況ではないと判断したためである。

婚姻届は一〇月二六日、代理の宮内庁職員によって渋谷区役所に提出された。同じ日、二人は記者会見を行う。本来は祝福ムードのなかで行われるはずの会見は、とげとげしい雰囲気のなか進んだ。回答の一部は文書で行われ、これまでの報道に対する強い批判を含んでいた。「この質問は、誤った情報が事実であるかのような印象を与えかねない」「恐怖心が再燃し心の傷が更《さら》に広がりそうで、口頭で質問にお答えすることは不可能である」と書かれていたのである。

その後、パスポートやビザの手続きが済み、二人は一一月一四日、ニューヨークに旅立った。

この結婚の賛否を量的に示すのは、中間的な意見をどちらに入るように聞くかで大きく変わるため、困難を伴う。ネットか、電話か、対面かなど調査方法によっても数字は大きく変わる。二〇二一年一〇月四～五日に実施された読売新聞社の世論調査の結果を示せば、結婚を「よかったと思う」は五三％、「思わない」が三三％（電話調査、サンプルは一一二四人）だった。世論は二つに割れた。

婚姻の自由化と反動

本書がここまで描いてきた皇室の結婚は、自由化への歩みだった。次第に個人の意思が尊重されるように変化したのだった。戦前の秩父宮雍仁《やすひと》親王、敗戦直後の和子内親王（のち鷹司和子）、厚子内親王（のち池田厚子）の例を見てきたとおりである。そのクライマックスが、明仁《あきひと》皇太子（現上皇）と正田美智子（現上皇后）の結婚であった。そこでは、婚姻の自由が定められた日本国憲法第二四条がしばしば引き合いに出された。

一般社会でも、近代の結婚は、家を背景にして当事者の意思が軽視されたあり方を改善する歴史であった。高度経済成長期を過ぎると、人びとの婚姻の自由は全面化する。さらに、家族や恋愛・結婚は多様な形へと変化していく。一方で、自由の行き過ぎへの反発から、従来型の家族の価値を守ろうとする動きも出てくる。現代日本の家族観、恋愛・結婚観は、多様化と、その反動としての伝統回帰志向とに分裂している。

家族についての考え方が分断される時代に「眞子さま問題」は起きたのである。伝統回帰派にとって、この結婚は由々しき問題であっただろう。伝統的な家族観に反するように見える眞子内親王の結婚は祝えないという意見となる。

一方、個人の自由や多様性を重視する人たちにとって、この結婚には何の問題性も感じられない。意思を貫いた眞子内親王の強さ、シングルマザーの家庭に育ち、旧来の選考範囲からは出てきそうもない小室という人物……。皇室の古さへのアンチテーゼにも見えた。

皇室の伝統が実は近代以降に構築された、と見る私の立場は後者である。先に述べた結婚の儀式を行わなかったことを伝統軽視と批判する向きもある。ただ、納采などの一連の儀式は、近世の朝議《ちょうぎ》再興の流れのなかで研究された成果をもとにしつつ、西洋の事例を参考にしながら、伝統と近代を折衷させる形でつくり上げられた。一九一〇（明治四三）年の皇室親族令附式で定型化されたもので、古代から絶え間なく続く伝統ではない。

祖父による裁可

眞子内親王の結婚への自由意思との関係で言うと、天皇の裁可《さいか》の問題がある。

二〇一七年九月三日、眞子内親王の婚約内定が正式に発表された際、明仁天皇が結婚を認める裁可を行ったと説明された。現代日本で、孫娘が結婚するとき、祖父の許可が必要な家族はほとんどないだろう。

この件は、戦後初めての内親王の結婚、和子内親王の事例に遡る。一九五〇（昭和二五）年二月一〇日、和子内親王と鷹司平通《としみち》との結婚が裁可された。戦前は、結婚相手からの願書を受けて、御名御璽《ぎょめいぎょじ》が入った勅許書《ちょっきょしょ》が交付される手続きがあった。しかし、和子内親王のとき、日本国憲法第二四条と整合性を持たせるため、裁可は皇室内部の手続きとして簡略化され、外部に公表しないと決まった（『昭和天皇実録』二月一〇日、三月三日各条）。その後長らく、女性皇族の結婚が裁可された事実が公表された例はなかった。

ところが、二〇〇四（平成一六）年一二月三〇日、明仁天皇の長女清子《さやこ》内親王（紀宮《のりのみや》）と東京都職員黒田慶樹《くろだよしき》との婚約内定の際、宮内庁は天皇が裁可した事実を公表した。なぜ、方針が変わったのだろうか。

おそらく、内廷にある内親王の結婚は一九六〇年の貴子《たかこ》内親王（清宮《すがのみや》、のち島津貴子）以来であったため、宮内庁が前例を忘れてしまったのだろう。だが、それ以上に、天皇に権威性をより求める社会の変化があるのではないだろうか。

宮内庁幹部は、裁可を口にすることに何の躊躇《ちゅうちょ》もなかった。皇室の民主化に実質的な意味があった昭和戦後期なら、憲法の精神に合わない裁可の是非について議論が盛り上がったはずだ。皇族の結婚に人びとが理想を託せた時代は、昔日《せきじつ》のかなたとなってしまったことが、ここから見て取れる。

皇族の結婚に、天皇の裁可が必要なのは、西洋から婚姻規則を移入したためであることは第1章で見たとおりだ。裁可の根底には、「同等性の原則」に外れる貴賤結婚を認めるべきでないと考える発想がある。いまもそれが生きている。宮内庁幹部も、一般の人びとも、そのことに疑問さえ持たなくなってしまった。

同等性原則の究極的解除

「同等性の原則」から言えば、小室は同等性から大きく外れる「平民」である。父も母も、学習院を出たわけでもなく、経済界に華麗な血脈があるわけでもない。小室はICUに進学し、たまたま眞子内親王に出会っただけだ。二人は、互いの意思で交際を開始し、結婚すると決めた。昭和期であれば、二人の関係は恋愛と強調され、小室の平民性も賛美されたに違いない。

明治期以降、一二人の内親王が結婚した（8－1）。内親王の結婚は必然的に「降下婚」になる。そのため相手との格差はなるべく小さいほうが好ましいと考えられてきた。戦前、内親王の結婚相手すべてが皇族であり、一九六六年までは旧伯爵家以上が選ばれたのはそのためだ。内親王の通婚範囲は、心理的には男性皇族より強い制限が掛かり、格差婚は避けられていた。

8-1　明治以降の内親王の結婚一覧

父親	結婚年	名前	相手	相手の身分
明治天皇	1908年	昌子	竹田宮恒久王	皇族
	1909年	房子	北白川宮成久王	皇族
	1910年	允子	朝香宮鳩彦王	皇族
	1915年	聡子	東久邇宮稔彦王	皇族
昭和天皇	1943年	成子	東久邇宮盛厚王	皇族
	1950年	和子	鷹司平通	旧公爵家（五摂家）
	1952年	厚子	池田隆政	旧侯爵家
	1960年	貴子	島津久永	旧伯爵家 次男
三笠宮崇仁	1966年	甯子	近衛忠煇	旧公爵家（五摂家）
	1983年	容子	千政之（現宗室）	茶道家元
明仁天皇	2005年	清子	黒田慶樹	都庁職員
秋篠宮文仁	2021年	眞子	小室圭	米国弁護士助手

皇族・旧華族以外と結婚した内親王は、眞子内親王以前、三笠宮容子《まさこ》内親王と清子内親王の二人に過ぎない。ただ、容子内親王は茶道家元という伝統ある家の跡取りと結婚した。清子内親王の相手も、その平民性が結婚の前提となったわけではない。黒田の父祖はたしかに旧華族ではなかったが、その係累は旧華族とつながる。黒田自身、学習院大学を卒業している。黒田は秋篠宮と同級生であり、その信頼の厚さが結婚の背景にあった。学習院コミュニティーのなかでの結婚である。通婚制限は、戦前とは異なる形ではあるが、かろうじて守られていた。

これに対し、小室は、過去の内親王の結婚相手とは大きく異なる。その家系は、日本の〝セレブリティー〟とは一切関係がない。

「同等性の原則」を緩和してきた皇室の結婚の歴史から考えると、原則解除の究極の形が、眞子内親王と小室の結婚だった。

皇族の婚姻の自由

「眞子さま問題」を語る際、「国民」という言葉が頻出する。歴史学者の小田部雄次は「今回の結婚を疑問視している国民は多い。皇室の方々にもプライベートはある。しかし「私」を抑えて人々のために活動することで、国民から崇敬の念を抱かれ、信頼を得てきた面がある。眞子さまの希望を優先した今回の結婚で、裏切られたと感じる国民もいるだろう」と述べる（共同通信原稿、『北海道新聞』二〇二一年九月二日）。秋篠宮も「多くの人に納得してもらい喜んでもらう状況を作る」よう小室に求めた（二〇一八年一一月記者会見）。この「多くの人」が意味するところも、「国民」と同じであろう。

これらの発言は、皇室が国民統合の象徴であるべきだとの理念に基づく。

明治期から高度経済成長期まで、たしかに、皇室はこの国の人びと（国民）のモデルであった。しかし、人びとが多様化したいま、皇室は人びとの目指すべき理想の位置にはいない。そうだとすると、逆に、多様性そのものを象徴する皇室を目指す方向もあるだろう。「国民」、場合によっては「世間」を背景に、伝統や公《おおやけ》性を強調し、一人の女性皇族の自由を制限することが、これからの皇室にとって好ましいかどうかはよく考える必要がある。

一般の人が結婚するとき、親など周囲の納得と理解が必要だとの考えも成り立つが、必須ではない。親や周囲が反対しても、憲法上、婚姻は両性の合意だけで成立する。親が勝手に婚姻相手を決めること、本人が決めた相手との結婚を妨害することは、婚姻の自由の権利に反する。

男性皇族の場合、結婚相手は皇室に入る形となるため、たとえば外国籍のパートナーを選択することには問題が生じる可能性が出る。そこで、皇室典範は、男子皇族の婚姻に限り、皇室会議の議を経ると定め、婚姻の自由にタガをはめた。一方、女性皇族の場合、結婚すれば皇族でなくなるため、皇室会議の了承を得る必要はない。女性皇族の婚姻は、現行法下では自由である。

ただ、女性皇族の婚姻の自由が、日本国憲法第二四条に基づくかどうかについては憲法学者の間で議論が分かれる。天皇制は身分制の〝飛び地〟であり、憲法の人権条項は天皇・皇族には適用されないとの説が近年有力になっているのだ。

恋とは自己決定である。恋愛に関する皇族の自己決定が、「国民」の納得と理解の名のもとに阻害される事態を、憲法学者たちはあまり重要視していない。私は、皇族の人権の観点から、憲法学者たちはより現実的な議論をすべきだと思う。

ポスト近代の天皇制の問題

二一世紀、「国民」の輪郭さえ曖昧になっている。人びとのあり方は多様化・多元化し、「国民」という単一のアイデンティティーへの統合は難しくなった。そのようなときだからこそ、国民統合や公共性の最後の砦《とりで》である皇室に、人びとは期待してしまう。

とくに一九九五年、阪神・淡路大震災やオウム真理教事件で日本の安心・安全が揺らいで以来、その傾向は顕著になる。経済分野の国際的な優位性は中国によって脅かされ、災害も続く。変化の時代には、変化の前の社会との連続性の感覚を求めるために、不変なもの、安定したものを人びとは欲する。不変と安定が求められるとき、皇室はその礎《いしずえ》になり得る。

現代日本のなかで皇室は、伝統・正統性・ナショナリズムを感じるための重要なアイテムだ。二一世紀への転換のころから、皇室への関心は高まっている。かつてのような平民性が強調されることより、権威性が重んじられることが多くなった。

眞子内親王の結婚に、「国民」の理解と納得が必要と考える人は少なくない。それは、皇室が国民統合の中心にないと、この国がバラバラになってしまう漠たる不安が存在するためだろう。

しかし、皇室に「国民」の総意が措定できたのは、国民国家の輪郭が明確であった大衆天皇制の時代までだ。二一世紀の日本は、多様性の時代だからこそ、皇室という「たしかなもの」が逆に立ち上がる。ポスト近代の天皇制のパラドックスである。

8-2　皇室の構成（2021年眞子内親王の結婚後）

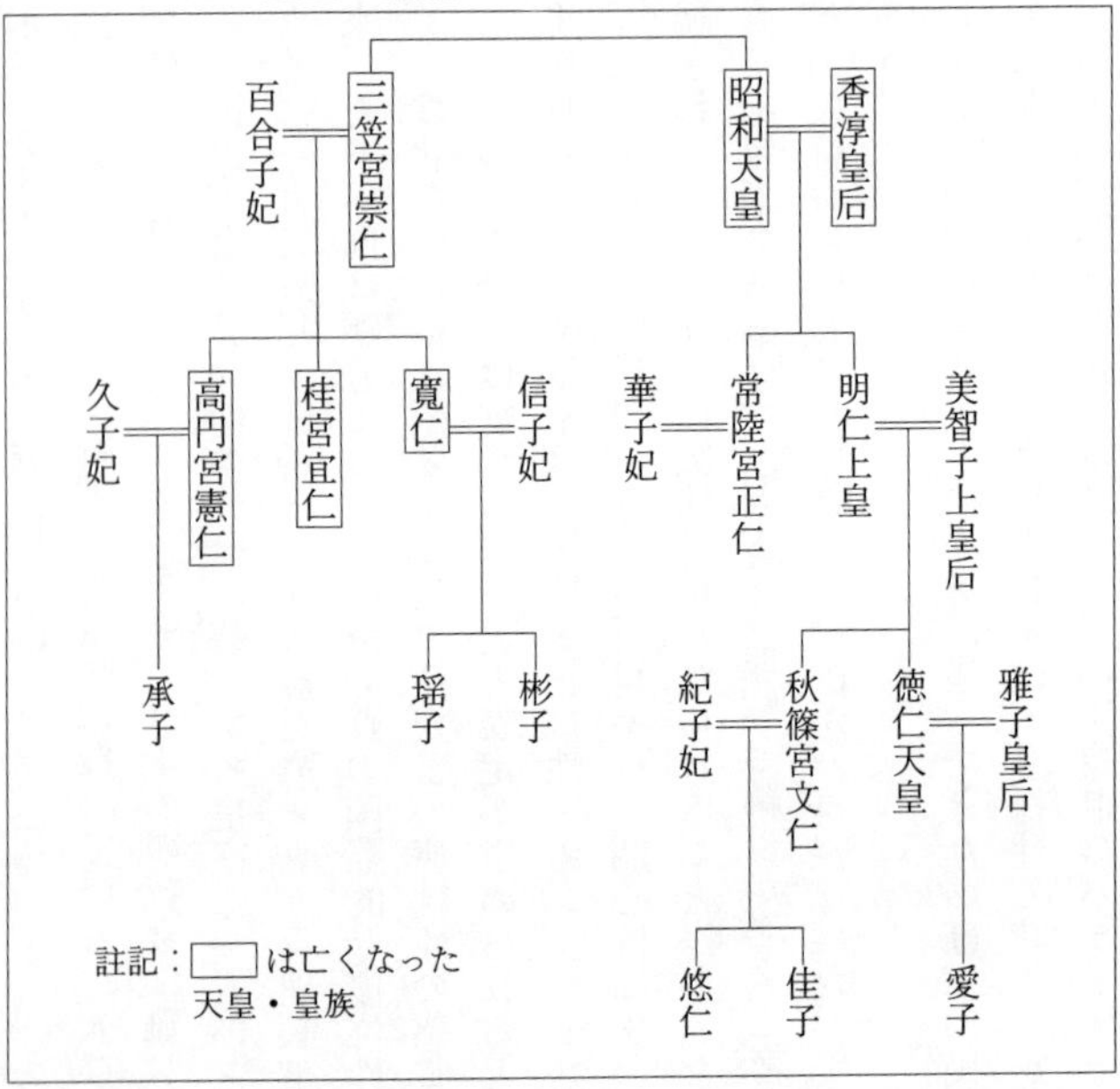

皇室の事実婚と別居

新聞やテレビなど主流メディアが主題的に報じることはないが、現実の皇室の家族はすでに多様化している。

二〇一四年に六六歳で亡くなった桂宮《かつらのみや》宜仁《よしひと》親王に、事実婚の関係にあった女性がいたことは公然の秘密である。女性は宮家の私的職員の立場で、介護が必要な桂宮を長年支えた。

三笠宮家を継承予定だった寛《とも》仁《ひと》親王はアルコール依存症のために信子妃との関係が悪化した。夫婦は二〇〇四年から一時期を除き別居状態にあった。二人の間の娘たちと信子妃との関係も悪くなり、寛仁親王の逝去（二〇一二年）のあとも、信子妃は宮邸には戻らず、母と娘はなお断絶状態にある。

三笠宮家に彬子《あきこ》女王・瑶子《ようこ》女王、高円宮家には承子《つぐこ》女王という未婚の女性皇族が三人いる。二〇二二年二月現在、それぞれ四〇歳、三八歳、三五歳である。とくに、彬子女王は英オックスフォード大学大学院で博士号を取得し、美術史の研究者として著書や論文を著すなどのキャリアを積んでいる。彬子女王が結婚を志向していないかどうかまではわからない。しかし、今後、非婚を宣言する皇族も現れるであろう。さらに、性的少数者であると周囲に伝える皇族が出てくる可能性さえある。家族が多様化するなかで、結婚し子供をつくることが皇族の役割であった時代は終わっていく。

かつて、家族の「理想」であった皇室は、いまは、人びとの「現実」の写し鏡である。事実婚、離婚の危機、非婚、晩婚、親子対立、不妊へのバッシング……。社会における家族のさまざまな問題が、現実の皇室でも実際に現れている。

近代の遺物としての恋愛

ここで、この本のテーマである「恋」について考えたい。運命の人と出会い、親密になり、永遠の関係を誓って、添い遂げる――。これが、従来、恋愛と考えられてきたものだ。社会学はロマンティック・ラブと呼んだ。この近代的恋愛には、以下の特徴がある。

・恋愛と結婚が直接的に結び付く。
・パートナー以外との性関係や親密さはタブーになる。
・婚姻関係は亡くなるまで継続すべきだと考えられる。

「ロマンティック」という情緒的な響きとは逆説的だが、恋する感情が、結婚制度に封じ込められることが重要である。そのとき、相手との同等性や階層性が、意識的に、あるいは無意識的に、考慮されてしまう。

明治中期以降のカップルは、近代家族をつくった。現在四〇代以上の「日本の近代」を知る世代の多くは、消費社会にも駆動され、恋愛し、家族をつくることこそ男女の重要な役割だと信じ込んできた。

しかし、ロマンティック・ラブは近年、評判が悪い。キャリア、とくに女性の人生と、恋愛・結婚がうまく整合しない。女性を家事労働に縛りつける抑圧性やドメスティック・バイオレンス（DV）など家のなかの支配構造を覆い隠してきた。恋愛強者と弱者のカーストが形成された。ことに女性は、年収や地位が高い相手との結婚（上昇婚）を目指し、結婚して「生まれ変わる」ことを目標にしていたのだ。

こうした恋愛《ロマンティック・ラブ》は近代の遺物であるとさえ私は考えている。

眞子さまの新型皇族愛《コンフルエント・ラブ》

英国の社会学者アンソニー・ギデンズは、サラリーマンと専業主婦からなる近代家族やロマンティック・ラブの理想は崩壊する傾向にあると指摘した。そのうえで、新しい愛の形態をコンフルエント・ラブと呼んだ（『親密性の変容』）。コンフルエント（confluent）とは合流する、融合するとの意味だ。コンフルエント・ラブは、相手の性格や人間性を知り理解することに重きを置く愛の形である。男性の年収・社会的地位、女性の容貌・優しさのようなステレオタイプ化した魅力ではなく、相手にどれだけ無防備な自分をさらけ出せるかによって愛情を測る。

その際、関係の永続性は重視されない。関係に満足しない場合、別れる選択肢も取り得る。コンフルエント・ラブは流動的だ。こうした立場から見ると、離婚すれば社会的地位や経済的満足が低下するとの理由で、愛情がないまま婚姻関係を維持する夫婦こそ不純となる。

そうした恋愛・結婚観の変化の時代に、眞子内親王に対し「それ相応の相手を選択したら」「周囲のアドバイスを聞いたほうがよい」と考えてしまう人は、依然として結婚という形式を重視する近代的価値観を維持している。だが、昭和的（近代的）説諭はもはや全面的には通用しないと思う。

眞子内親王は、年収や地位や出自ではなく、ただ一緒にいて居心地がよいとの理由で、小室を選択したように見える。小室はかけがえのないパートナーであるはずだ。

かつての皇室は、近代家族化のシンボルであった。その恋愛と結婚は、人びとの憧憬の対象となり得た。そうした時代は、恋愛と結婚の自由化が臨界に達したとき、終わりを迎えた。新しい時代、かつて近代家族の規範を示してきた皇室のありようも変化しなければならない。

皇室の若い世代の恋愛・結婚に、人びとがどのような態度を示すのかは、これからの皇室に私たちが何を求めるのかという問題とつながる。

皇室は多様な人生を生きるさまざまな人を包摂する存在へと変わるべきなのか、あるいは、従来どおりの伝統や家族の範を示すべきなのか――。

恋する皇室/恋をしない皇室/新しい形の恋をする皇室……。若い皇族たちの生き方をどう考えるのか。皇室のジェンダー平等、皇族の自由をどう捉えるか。あるいは、伝統の継承や国民統合に皇室はどのような役割を果たすべきなのか。それを考えることこそ、皇室を社会のなかに抱える私たちの課題である。

その答えは、この本を読んだ皆さんの側にこそ存在するだろう。

あとがき

私が本格的に皇室というテーマと格闘し始めたのは、一九九五（平成七）年、三〇歳のとき、毎日新聞社の記者として宮内庁担当になってからである。

ある日、デスクから「金融関係者の間で『雅子《まさこ》さまが妊娠したらしい』という情報が回っている。経済部が言ってきた」と連絡があった。部外者の情報はデマがほとんどだが、念のため侍医を取材した。「本当にご懐妊でないんですか」とあまりにしつこく聞いたため、侍医は「だから、もう月経は来ているんです」と言い切った。事実関係がわかったと安堵しながらも同時に複雑な気持ちになった。ご懐妊の警戒はすなわち、女性皇族のご体調、とくにその周期の取材に行き着く。こんなことまで取材しなくてはならない皇室報道は、何のためにあるのだろう。若いころに感じた疑問である。

その後、四〇歳で研究の道に転じたが、私の皇室研究はこの疑問から発している。

皇室の家族研究は、女系天皇制と男系継承の議論について、検討を深める材料になると思う。女系天皇を認めない保守派のなかには、皇統に受け継がれたY染色体こそ重要だと主張する人たちがいる（『天皇の遺伝子』など）。Y染色体は父から男子へと受け継がれる。だが、第3章で見たとおり、たとえば色覚障碍はX染色体を通じて遺伝する。山県有朋ら当時の保守派は、母系で遺伝するX染色体を問題にした。Y染色体だけを特権化することには、科学的には意味がない。そもそも、明治以降の近代皇室が父系（男系）だけでは説明できない家族の論理を導入したことはよく考える必要がある。家族原理に関する限り、前近代と近代の天皇制には大きな断絶がある。そして、近代天皇制と、ポスト近代の天皇制の断絶も重要になってくる。女系天皇は、前近代からの伝統だけを語って解決できる問題ではない。

本書は、できる限り実証的に、史料に基づいて、皇室の恋を描く試みであった。平成以降の皇室の恋愛史にも、歴史として評価を固定できるだけの史料が少しでも公開されたならば続編を検討していきたい。徳仁《なるひと》天皇と雅子皇后、弟宮である秋篠宮文仁《ふみひと》親王と紀子《きこ》妃の恋愛・結婚を描くことが今後の課題である。

とくに、二〇〇四（平成一六）年、徳仁皇太子（当時）が、「雅子のキャリアや、そのことに基づいた雅子の人格を否定するような動きがあったことも事実です」と述べた、いわゆる人格否定発言は重要な出来事である。雅子妃（当時）は、外務官僚のキャリアを皇室で生かすことができなかったうえ、男子を授からなかったことへのプレッシャーもあり、適応障害のため公務に十全に当たることができない状況が続いた。これは、皇室の家族性を考えるうえで重要な事件である。

本書は、近代の日本人と天皇制の関係を理解しようと努めた私なりの集大成である。記者と研究者のふたつのキャリアを総合した作品でもある。家族と恋愛という、従来の天皇制研究ではあまり顧みられなかった視点を導入して、これまでの皇室観を根源的に見直したいという大胆な動機で書き進めた。

私は、二〇二一（令和三）年九月以降、いわゆる「眞子さま問題」についてメディアで発言を続けた。主張の根拠となったのが今回の研究である。一読していただければ、私の発言のもとになった研究成果が理解できるはずである。

さまざまな方にお世話になったが、一〇年以上続く象徴天皇制研究会の仲間たちからの刺激がもっとも強い原動力になった。二〇一九年、日本大学文学研究科の古川隆久先生のご指導を受けながら博士論文を提出し、それをもとに『近代皇室の社会史――側室・育児・恋愛』（吉川弘文館）も上梓《じょうし》できた。

その後、東宮大夫の鈴木菊男の日記をはじめ新たな史料を見る機会を得た。前著の一部をもとにしつつも、新史料を反映させ、また「眞子さま問題」にも触れながら、天皇家の恋愛を新しく描いたのが本書である。この本を読み、家族社会学や近代歴史学に関心を持った方々、研究の道を目指す学部生や院生は、ぜひ前著も一緒に参照してもらいたい。

コロナ禍での授業展開や、勤務校の教職員組合の活動に忙殺され、本書の執筆は遅々として進まなかったが、成城大学の同僚をはじめとする周囲の方々の励ましで、ようやく完成することができた。この場を借りて「ありがとうございました」とお伝えしたい。

二〇二二年二月

森　暢平

主要参考文献

全体

〔実録類〕

『昭憲皇太后実録』上・下巻（吉川弘文館、二〇一四年）
『昭和天皇実録』第一〜第一八（東京書籍、二〇一五年〜一八年）
『大正天皇実録 補訂版』第一〜第六（ゆまに書房、二〇一六年〜二一年）
『明治天皇紀』第一〜第一二（吉川弘文館、一九六八年〜七五年）

〔書籍・論文〕

赤坂正浩「女系による王位継承と同等性原則」『日本大学法学部創立百周年記念論文集』一巻（一九八九年）
小田部雄次『皇族に嫁いだ女性たち』（角川書店、二〇〇九年）
工藤美代子『女性皇族の結婚とは何か』（毎日新聞出版、二〇二一年）
森暢平『近代皇室の社会史』（吉川弘文館、二〇二〇年）

第1章

〔一次史料〕

『伊藤博文関係文書』一・五（塙書房、一九七三・七七年）
井上毅「謹具意見」小林宏・島善高編著『明治皇室典範（上）日本立法資料全集 一六』（信山社出版、一九九六年）
「岩倉右大臣ヨリ密示ノ内調書写」小林宏・島善高編著『明治皇室典範（上）日本立法資料全集 一六』（信山社出版、一九九六年）
「澳国スタイン博士講話録 坤」堀口修編著『明治立憲君主制とシュタイン講義』（慈学社出版、二〇〇七年）
「皇親繁栄に関する件」『伊藤博文文書Ⅱ 伊藤公雑纂二』（ゆまに書房、二〇一五年）
「宮内省立案第一稿皇室制規」小林宏・島善高編著『明治皇室典範（上）日本立法資料全集 一六』（信山社出版、一九九六年）
「皇親ノ制ニ就キ上奏」小林宏・島善高編著『明治皇室典範（下）日本立法資料全集 一七』（信山社出版、一九九七年）
「皇族庶子認知内則案」宮内庁宮内公文書館所蔵（識別番号93408）
『元老院会議筆記』前期八巻（元老院会議筆記刊行会、一九六四年）
「授爵録」明治三〇年、宮内庁宮内公文書館所蔵（識別番号2288）
「昭憲皇太后実録抄本」巻三、宮内庁宮内公文書館所蔵（識別番号75853）
「進退録（女官の部）」宮内庁宮内公文書館所蔵（識別番号20802〜20890、21075〜21081）
「スタイン氏帝室家憲意見」小林宏・島善高編著『明治皇室典範（上）日本立法資料全集 一六』（信山社出版、一九九六年）
「女官録」宮内庁宮内公文書館所蔵（識別番号36245）

「普国王室家法概略」小林宏・島善高編著『明治皇室典範（下）日本立法資料全集 一七』（信山社出版、一九九七年）
「侍従藤波言忠意見書」『伊藤博文文書 第八六巻 秘書類纂 帝室三』（ゆまに書房、二〇一三年）

〔書籍・論文〕

井之口有一ほか『御所ことば』（雄山閣、一九七四年）
越後純子『近代教育と『婦女鑑』の研究』（吉川弘文館、二〇一六年）
奥平康弘『「萬世一系」の研究』（岩波書店、二〇〇五年）
小田部雄次『ミカドと女官』（恒文社21、二〇〇一年）
片野真佐子『皇后の近代』（講談社、二〇〇三年）
河村浩「宮家相続問題と岩倉具視」『史料』六二号（一九八三年）
榊原千鶴『皇后になるということ』（三弥井書店、二〇一九年）
坂本一登『伊藤博文と明治国家形成』（吉川弘文館、一九九一年）
柴田紳一「藤波言忠伝」『大中臣祭主藤波家の歴史』（続群書類従完成会、一九九三年）
島善高「明治初年の「皇親」論議」『早稲田人文自然科学研究』四三号（一九九三年）
下橋敬長『幕末の宮廷』（平凡社、一九七九年）
扇子忠『明治の宮廷と女官』（雄山閣、二〇一四年）
高木博志『近代天皇制の文化史的研究』（校倉書房、一九九七年）
高橋博『近世の朝廷と女官制度』（吉川弘文館、二〇〇九年）
西田真之『一夫一婦容妾制の形成をめぐる法的諸相』（日本評論社、二〇一八年）
西村茂樹ほか編『婦女鑑』巻六（宮内省、一八八七年）
日本赤十字社病院編『橋本綱常先生』（日本赤十字社病院、一九三六年）
早川紀代『近代天皇制国家とジェンダー』（青木書店、一九九八年）
深瀬泰旦「明治16年と同21年の上申書からみた明治天皇皇子女夭折問題」『日本医史学雑誌』六一巻二号（二〇一五年）
深瀬泰旦「明治天皇皇子女夭折の死因について」『日本医史学雑誌』六一巻三号（二〇一五年）
福沢諭吉『学問のすゝめ 福沢諭吉著作集 第三巻』（慶応義塾大学出版会、二〇〇二年）
藤田大誠「近代皇族制度の形成と展開」『藝林』五九巻一号（二〇一〇年）
Hale, Sarah Josepha, *Woman's Record: Sketches of All Distinguished Women*, Harper & Brothers, 1853.
Bacon, Alice Mabel, *A Japanese Interior*, Houghton, Mifflin and Company, 1893.（日本語訳に、久野明子訳『華族女学校教師の見た明治日本の内側』中央公論社、一九九四年）
真辺美佐「近代化のなかでの皇后」森暢平・河西秀哉編『皇后四代の歴史』（吉川弘文館、二〇一八年）
森有礼「妻妾論の一」『明六雑誌』上（岩波書店、一九九九年）
山川三千子『女官』（実業之日本社、一九六〇年）
李英珠「通婚規則からみた皇室の「純血性」」『日本民俗学』二二五号（二〇〇一年）
若桑みどり『皇后の肖像』（筑摩書房、二〇〇一年）

第2章

〔一次史料〕

「元侍医荒井恵談話」貞明皇后実録編纂資料・関係者談話聴取（資料）、宮内庁宮内公文書館所蔵（識別番号 29334）
『伊藤博文文書II 伊藤公雑纂七』（ゆまに書房、二〇一五年）

「皇室親族令注」宮内庁宮内公文書館所蔵（識別番号 85626）
「斎藤桃太郎日記」明治三六年、宮内庁宮内公文書館所蔵（識別番号 35057、35058）
『かざしの桜――佐佐木高行日記』（北泉社、二〇〇三年）
「故侍従長鈴木貫太郎夫人鈴木孝子談話」貞明皇后実録編纂資料・関係者談話聴取（資料）、宮内庁宮内公文書館所蔵（識別番号 29334）
「東宮御婚儀録」一・六、宮内庁宮内公文書館所蔵（識別番号 592-1、592-6）
徳冨蘆花『蘆花日記』二・六（筑摩書房、一九八五・八六年）
Bälz, Erwin, *Das Leben eines deutschen Arztes im erwachenden Japan*, J. Engelhorns nachf, 1931.（日本語訳に、菅沼竜太郎訳『ベルツの日記』上・下、岩波書店、一九七九年）
〔書籍・論文〕
浅見雅男『皇太子婚約解消事件』（角川書店、二〇一〇年）
今井重男「近代日本の新婚旅行」『千葉商大論叢』五五巻一号（二〇一七年）
上野秀治「明治期における東宮妃選定問題」『史料』一一五号（一九九一年）
上野秀治「続・明治期における東宮妃選定問題」『史料』一二一号（一九九二年）
小川金男『宮廷』（日本出版協同、一九五一年）
小田部雄次『昭憲皇太后・貞明皇后』（ミネルヴァ書房、二〇一〇年）
華族大鑑刊行会『華族大鑑』（日本図書センター、一九九〇年）
川瀬弘至『孤高の国母 貞明皇后』（産経新聞出版、二〇一八年）
河原敏明『悲劇の皇女』（ダイナミックセラーズ、一九八四年）
喜多文之助『九条節子姫』（富士書店、一八九九年）
田中真人「山川均らの『青年之福音』事件とキリスト教界」『キリスト教社会問題研究』四三号（一九九四年）
秩父宮雍仁親王『皇族に生まれて』（渡辺出版、二〇〇五年）
『貞明皇后』（主婦の友社、一九七一年）
『日用百科全書 第十編 育児と衛生』（博文館、一八九六年）
原武史『皇后考』（講談社、二〇一五年）
『風俗画報』二一一号（臨時増刊）皇太子殿下御慶事千代乃祝（一九〇〇年）
古川隆久『大正天皇』（吉川弘文館、二〇〇七年）
右田裕規「皇室という「家庭」への眼差し」『京都社会学年報』一三号（二〇〇五年）
美馬弘「『神々の乱心』にみる異形の「後宮」」美馬弘ほか『松本清張と近代の巫女たち』（北九州市立松本清張記念館、二〇一二年）
山川均『ある凡人の記録』（朝日新聞社、一九五一年）
山口幸洋『椿の局の記』（近代文芸社、二〇〇〇年）

第3章
〔一次史料〕
『木戸幸一日記』上・下巻（東京大学出版会、一九六六年）
『倉富勇三郎日記』二・三巻（国書刊行会、二〇一二年・一五年）
「倉富勇三郎日記」倉富勇三郎関係文書、国立国会図書館憲政資料室所蔵
「皇太子裕仁親王御婚儀の件」宮内庁宮内公文書館所蔵（識別番号 26376）
『西園寺公と政局』二巻（岩波書店、一九五〇年）
「進退録」昭和七年（皇后宮職）宮内庁宮内公文書館所蔵（識別番号 21090）

「申酉回瀾録」憲政資料室収集文書、国立国会図書館憲政資料室所蔵（資料番号1123）
『高松宮日記』一・二巻（中央公論社、一九九五・九六年）
田島道治『拝謁記』一（岩波書店、二〇二一年）
秩父宮妃勢津子『銀のボンボニエール』（講談社、一九九四年）
「貞明皇后実録稿本」一四五・一四六、宮内庁宮内公文書館所蔵（識別番号82145、82146）
『内務省新聞記事差止資料集成』一巻（日本図書センター、一九九六年）
永井壮吉（荷風）『新版断腸亭日乗』一巻（岩波書店、二〇〇一年）
『牧野伸顕日記』（中央公論社、一九九〇年）
〔書籍・論文〕
浅見雅男『闘う皇族』（角川書店、二〇〇五年）
伊藤之雄『昭和天皇と立憲君主制の崩壊』（名古屋大学出版会、二〇〇五年）
伊藤之雄『最も期待された皇族東久邇宮』（千倉書房、二〇二一年）
牛島秀彦「虎の門事件の風聞と真実」『現代の眼』（一九七七年二月号）
岡部美香「《優生結婚》という思想」藤川信夫編著『教育学における優生思想の展開』（勉誠出版、二〇〇八年）
桶川泰「大正期・昭和初期における『婦人公論』『主婦之友』の恋愛言説」『フォーラム現代社会学』六巻（二〇〇七年）
小田部雄次『ミカドと女官』（恒文社21、二〇〇一年）
久邇邦昭『少年皇族の見た戦争』（PHP研究所、二〇一五年）
厨川辰夫『近代の恋愛観』（改造社、一九二二年）
『御即位御大礼記念皇族画報』婦人画報増刊（東京社、一九二八年）
小山いと子『皇后さま』（主婦の友社、一九五六年）
『出版警察報 復刻版』一二（龍溪書舎、一九八一年）
高井ホアン『戦前不敬発言大全』（パブリブ、二〇一九年）
威仁親王行実編纂会編『威仁親王行実』（威仁親王行実編纂会、一九二六年）
ノッター、デビッド『純潔の近代』（慶應義塾大学出版会、二〇〇七年）
平野久美子『高松宮同妃両殿下のグランド・ハネムーン』（中央公論新社、二〇〇四年）
右田裕規「戦前期「女性」の皇室観」『社会学評論』五五巻二号（二〇〇四年）
森暢平「大正期における女性皇族像の転換」『成城文藝』二三六号（二〇一六年）
モール、オットマール・フォン『ドイツ貴族の明治宮廷記』（新人物往来社、一九八八年）
『雍仁親王実紀』（吉川弘文館、一九七二年）
渡辺克夫「宮中某重大事件」『日本学園高等学校研究紀要』六集（一九九二年）

第4章

〔一次史料〕
『入江相政日記』二・三巻（朝日新聞社、一九九〇年）
「入内の儀御列伺」（情報公開法により宮内庁が開示）
『側近日誌』（文藝春秋、一九九〇年）
「田島道治日記」（加藤恭子『田島道治』TBSブリタニカ、二〇〇二年、同『昭和天皇と美智子妃 その危機に』文藝春秋、二〇一〇年から重引）
田島道治『拝謁記』一・二（岩波書店、二〇二一・二二年）
「百武三郎日記」（東京大学大学院法学政治学研究科附属近代日

本法政史料センター明治新聞雑誌文庫原資料部所蔵）
三笠宮崇仁「新憲法と皇室典範改正法案要綱（案）」羽室家文書、大阪府公文書館所蔵

〔書籍・論文〕
奥平康弘『「萬世一系」の研究』（岩波書店、二〇〇五年）
学習院女子短期大学史編纂委員会編『半世紀――学習院女子短期大学史図録』（学習院女子大学・女子短期大学、二〇〇〇年）
河原敏明『天皇家の五〇年』（講談社、一九七五年）
閑院直子「虚飾の園に生きた三十年――皇族の名誉と栄光のために過ごしてきた偽れる愛の半生記」『婦人倶楽部』（一九六一年一月～四月号）
森暢平「昭和20年代における内親王の結婚」『成城文藝』二二九号（二〇一四年）

第5章

〔一次史料〕
「織田和雄日記」一九五八年分、織田和雄氏所蔵
「木戸幸一日記」国立歴史民俗博物館所蔵（国立国会図書館憲政資料室所蔵「木戸家文書」の複写マイクロフィルムを利用）
「皇太子殿下の婚姻に関する件」皇室会議議事録 一九五八年一一月二七日（情報公開法により宮内庁が開示）
「鈴木菊男回想」（「皇太子妃殿下選考のいきさつと正田美智子さまが選ばれた過程」鈴木氏遺族所蔵）
「鈴木菊男日記」鈴木氏遺族所蔵
「田島道治日記」（加藤恭子『田島道治』TBSブリタニカ、二〇〇二年、同『昭和天皇と美智子妃 その危機に』文藝春秋、二〇一〇年から重引）
「藤樫準二旧蔵資料」藤樫氏遺族所蔵（筆者仮預かり中、利用したのは、「皇太子妃（美智子）選考」「皇太子妃候補関係ファイル」）
藤樫準二メモ（「皇太子妃美智子決定メモ」、「藤樫準二旧蔵資料」のなかの「皇太子妃（美智子）選考」に所在）

〔証言類〕
内田源三証言（「正田美智子さん婚約直前の涙」『女性自身』一九六八年九月一六日号）
大久保忠恒証言（「正田家回想録 美智子妃20年の歩み 第3部」『別冊女性自身』一九六五年秋の特別号）
佐伯晋証言（筆者による元朝日新聞記者佐伯晋氏への聞き取り、二〇一四年一月二四日）
深山弘子証言（「「真実一路」のお二人 親友の深山弘子さんの話」『朝日新聞』大阪本社版一九五八年一一月二七日第二夕刊）

〔書籍・論文〕
犬養康彦「戦後史の現場検証75 〝ミッチー・ブーム〟の裏側2」『週刊読書人』（一九六七年九月一八日）
織田和雄『天皇陛下のプロポーズ』（小学館、二〇一九年）
加藤恭子『昭和天皇と美智子妃 その危機に』（文藝春秋、二〇一〇年）
黒木従達回想（「感慨深いご成婚のころ」『皇太子同妃両殿下ご結婚二十年記念写真集』時事通信社、一九七八年）
佐伯晋「正田家を見つめて六ヵ月」『朝日新聞』（一九五八年一一月二七日夕刊）
佐伯晋『元「お妃選び班記者」の取材ノート――「テニスコートの恋」美智子さま あのときのお気持ち』（J―CAST、二〇一三年、電子書籍）
榊原亀之甫「選考の真相はこうだ」『別冊週刊サンケイ』（一九

五九年二月号)
竹山謙三郎「正田美智子さんのこと」『毎日新聞』(一九五八年一一月二七日特別夕刊)
徳川義宣寄稿(「新しい皇室 中」、『防長新聞』一九五八年一一月三〇日を利用)
波多野勤子「世紀の生んだ才女美智子さん」『婦人公論』(一九五九年一月号)
渡辺みどり『美智子皇后の「いのちの旅」』(文藝春秋、一九九一年)

第6章

〔一次史料〕
『入江相政日記』三巻(朝日新聞社、一九九〇年)
「皇太子殿下の婚姻に関する件」皇室会議議事録 一九五八年一一月二七日(情報公開法により宮内庁が開示)
「手記 意味あり気な村人の視線へ」『週刊平凡』(一九五九年一一月二五日号)
〔史料類〕
「泉公民館報」(一九五九年二月号)泉村編『館報いずみ(縮刷版)』(泉村役場、一九九四年)熊本県立図書館所蔵
『警視庁事務年鑑』一九五九年版(東京都情報公開条例により警視庁が開示)
「公安調査月報」一九五九年一月、東京大学社会科学研究所図書室所蔵
国立社会保障・人口問題研究所編『平成22年第14回出生動向基本調査 第I報告書――わが国夫婦の結婚過程と出生力』(国立社会保障・人口問題研究所、二〇一二年)
「小諸公民館報」(一九五八年一二月号)小諸市公民館編「公民館報こもろ縮刷版」I巻(小諸市公民館、一九八五年)
「公民館報しなの」(一九五八年一二月号)縮刷版編集委員会編『公民館報信濃縮刷版』(信濃町公民館、一九八二年)
『出版年鑑』編集部編『出版年鑑』一九六三年版(出版ニュース社、一九六三年)
『新生運動』(一九五九年九月号)山口県新生運動協会
「茅野市公民館報」(一九五九年三月号)館報「茅野」縮刷版編集委員会編『茅野公民館報縮刷版』(茅野市公民館、一九八一年)
日本民間放送連盟編「民間放送番組審議会議事録」一九五九年、筆者所蔵、古書店で入手
母子衛生研究会編『母子保健の主なる統計』(母子保健事業団、一九九六年)
「三菱労戦」法政大学大原社会問題研究所所蔵
〔書籍・論文等〕
荒原朴水『大右翼史』(大日本国民党、一九六六年)
石田あゆう『ミッチー・ブーム』(文藝春秋、二〇〇六年)
石原慎太郎「あれをした青年」『文藝春秋』(一九五九年八月号)
織田和雄『天皇陛下のプロポーズ』(小学館、二〇一九年)
菊村到「天皇陛下萬歳!」『別冊文藝春秋』六八号(一九五九年)、のちに菊村到『天皇陛下万歳』(実業之日本社、一九五九年)所収
東映「孔雀城の花嫁」(VHSビデオ)二〇〇〇年
松下圭一「大衆天皇制論」『戦後政治の歴史と思想』(筑摩書房、一九九四年)
森暢平「一九五九年皇太子ご成婚パレード、NHK実況中継」『コミュニケーション紀要』26輯(二〇一五年)

第7章

主要参考文献

〔一次史料〕
『入江相政日記』三巻（朝日新聞社、一九九〇年）
「田島道治日記」（加藤恭子『昭和天皇と美智子妃 その危機に「田島道治日記」を読む』文藝春秋、二〇一〇年から重引）
山口県編「農村青年のつどい記録」山口県文書館所蔵
『吉田茂書翰』（中央公論社、一九九四年）
〔書籍・論文〕
柏木博「天皇のイメージをめぐって」軌跡社編集部編『情報支配』（軌跡社、一九九〇年）
小山いと子『皇后さま』（主婦の友社、一九五六年）
高橋紘『人間昭和天皇』上・下（講談社、二〇一一年）
日本雑誌記者会二五年史編集委員会編『日本雑誌記者会二五年史』（日本雑誌記者会、一九八五年）
橋本明『美智子さまの恋文』（新潮社、二〇〇七年）
原武史『平成の終焉』（岩波書店、二〇一九年）
藤竹暁『日本人のスケープゴート』（講談社、一九七八年）
松下圭一「大衆天皇制論」『戦後政治の歴史と思想』（筑摩書房、一九九四年）
見田宗介『現代日本の感覚と思想』（講談社、一九九五年）
森暢平「ミッチー・ブーム、その後」河西秀哉編『戦後史のなかの象徴天皇制』（吉田書店、二〇一三年）
吉見俊哉「メディア天皇制とカルチュラル・スタディーズの射程」花田達朗ほか編『カルチュラル・スタディーズとの対話』（新曜社、一九九九年）
渡辺治『戦後政治史の中の天皇制』（青木書店、一九九〇年）

終章

〔書籍・論文〕
安積明子『眞子内親王の危険な選択』（ビジネス社、二〇二一年）
ギデンズ、アンソニー（松尾精文ほか訳）『親密性の変容』（而立書房、一九九五年）
篠田博之『皇室タブー』（創出版、二〇一九年）
目黒依子『個人化する家族』（勁草書房、一九八七年）

あとがき

〔書籍・論文〕
蔵琢也『天皇の遺伝子』（廣済堂出版、二〇〇六年）
八幡和郎「今上天皇に血統の近い知られざる「男系男子」たち」『新潮45』（二〇一七年一月号）

宮家皇族出生一覧（1868～1912年7月）

明治典範制定以前

誕生年	父親	母親	出生子
1868	久邇宮朝彦	泉亭萬喜子	栄子
1869	伏見宮邦家	伊丹吉子	萬千宮
1870	久邇宮朝彦	泉亭静枝	安喜子
1871	久邇宮朝彦	泉亭萬喜子	飛呂子
1872	久邇宮朝彦	泉亭静枝	絢子
1873	山階宮晃	中条千枝子	菊麿
	久邇宮朝彦	泉亭萬喜子	邦彦
1874	久邇宮朝彦	原田光枝子	守正
1875	華頂宮博経	郁子妃	博厚
	久邇宮朝彦	泉亭静枝	多嘉
	伏見宮貞愛	河野千代子	博恭
1876	久邇宮朝彦	泉亭萬喜子	素子
	久邇宮朝彦	泉亭静枝	暢
1878	久邇宮朝彦	泉亭萬喜子	懐子
	久邇宮朝彦	泉亭静枝	篶子
1880	伏見宮貞愛	利子女王	邦芳
1881	伏見宮貞愛	利子女王	昭徳
1882	北白川宮能久	申橋こう	恒久
1884	久邇宮朝彦	寺尾宇多子	純子
1885	伏見宮貞愛	増山奈越子	禎子
	北白川宮能久	岩浪いね	延久
	有栖川宮威仁	慰子妃	績子
	北白川宮能久	申橋こう	満子
1887	北白川宮能久	富子妃	成久
	北白川宮能久	岩浪いね	貞子

1887	有栖川宮威仁	慰子妃	栽仁
	久邇宮朝彦	角田須賀子	鳩彦
	久邇宮朝彦	寺尾宇多子	稔彦
1888	北白川宮能久	申橋こう	輝久

明治典範制定後

誕生年	父親	母親	出生子
1889	北白川宮能久	申橋カネ	芳之
1890	北白川宮能久	申橋こう	武子
	北白川宮能久	前波栄	正雄
1891	有栖川宮威仁	慰子妃	實枝子
	北白川宮能久	申橋こう	信子
1894	閑院宮載仁	智恵子妃	篤仁
1895	北白川宮能久	浮山きん	擴子
	賀陽宮邦憲	好子妃	由紀子
1896	閑院宮載仁	智恵子妃	恭子
1897	閑院宮載仁	智恵子妃	茂子
	華頂宮博恭	経子妃	博義
1898	山階宮菊麿	範子妃	武彦
	閑院宮載仁	智恵子妃	季子
	華頂宮博恭	経子妃	恭子
1900	賀陽宮邦憲	好子妃	恒憲
	山階宮菊麿	範子妃	芳麿
1901	久邇宮邦彦	俔子妃	朝融
	山階宮菊麿	範子妃	安子
	梨本宮守正	伊都子妃	方子
1902	華頂宮博恭	経子妃	博忠
	久邇宮邦彦	俔子妃	邦久

1902	閑院宮載仁	智恵子妃	春仁
1903	久邇宮邦彦	俔子妃	良子
	賀陽宮邦憲	好子妃	佐紀子
1904	久邇宮邦彦	俔子妃	信子
1905	山階宮菊麿	常子妃	藤麿
	伏見宮博恭	経子妃	博信
1906	閑院宮載仁	智恵子妃	寛子
	山階宮菊麿	常子妃	萩麿
	久邇宮邦彦	俔子妃	智子
1907	梨本宮守正	伊都子妃	規子
	伏見宮博恭	経子妃	敦子
			知子
1908	山階宮菊麿	常子妃	茂麿
1909	竹田宮恒久	昌子内親王	恒徳
	閑院宮載仁	智恵子妃	華子
1910	北白川宮成久	房子内親王	永久
	久邇宮邦彦	俔子妃	邦英
1911	久邇宮多嘉	静子妃	発子
	北白川宮成久	房子内親王	美年子
	朝香宮鳩彦	允子内親王	紀久子
1912	久邇宮多嘉	静子妃	賀彦

註記：網掛けが正妻・嫡出子

宮内大臣・宮内府長官・宮内庁長官一覧（1885～2022年）

◎宮内大臣

伊藤　博文　1885（明治18）年12月22日～
土方　久元　1887（明治20）年９月17日～
田中　光顕　1898（明治31）年２月９日～
岩倉　具定　1909（明治42）年６月16日～
渡辺　千秋　1910（明治43）年４月１日～
波多野敬直　1914（大正３）年４月９日～
中村雄次郎　1920（大正９）年６月18日～
牧野　伸顕　1921（大正10）年２月19日～
一木喜徳郎　1925（大正14）年３月30日～
湯浅　倉平　1933（昭和８）年２月15日～
松平　恒雄　1936（昭和11）年３月６日～
石渡荘太郎　1945（昭和20）年６月４日～
松平　慶民　1946（昭和21）年１月16日～

◎宮内府長官

松平　慶民　1947（昭和22）年５月３日～
田島　道治　1948（昭和23）年６月５日～

◎宮内庁長官

田島　道治　1949（昭和24）年６月１日～
宇佐美　毅　1953（昭和28）年12月16日～
富田　朝彦　1978（昭和53）年５月26日～
藤森　昭一　1988（昭和63）年６月14日～
鎌倉　　節　1996（平成８）年１月19日～
湯浅　利夫　2001（平成13）年４月２日～
羽毛田信吾　2005（平成17）年４月１日～
風岡　典之　2012（平成24）年６月１日～
山本信一郎　2016（平成28）年９月26日～
西村　泰彦　2019（令和元）年12月17日～

天皇家の恋愛 関連年表

西暦（年号）	皇室の家族の動き	皇室全体・社会の動き
一八六六 慶応二	一二月、孝明天皇逝去	
一八六七 慶応三		一月、明治天皇、践祚。一二月、王政復古の大号令
一八六八 慶応四／明治元	一二月、一条美子が皇后に	一〇月、明治天皇、江戸城到着（東京奠都）
一八七一 明治四		一一月、岩倉使節団出発（翌々年九月帰国）
一八七三 明治六	九月、第一皇子誕生するも逝去（生母葉室光子）。一一月、第一皇女誕生するも逝去（生母橋本夏子）	一〇月、征韓論争
一八七五 明治八	一月、薫子誕生（生母柳原愛子、翌年六月逝去）	
一八七七 明治一〇	九月、親子（和宮）逝去。同、敬仁誕生（生母柳原愛子、翌年七月逝去）	一月、西南戦争（九月まで）
一八七九 明治一二	八月、嘉仁（のち大正天皇）誕生（生母柳原愛子）	
一八八一 明治一四	八月、韶子誕生（生母千種任子、翌々年九月逝去）。一〇月、桂宮淑子逝去	一〇月、国会開設の勅諭・明治一四年の政変
一八八二 明治一五		三月、伊藤博文、欧州での憲法調査に出発（翌年八月帰国）

一八八三 明治一六	一月、章子誕生（生母千種任子、九月逝去）	
一八八四 明治一七		三月、宮中に制度取調局設置。同、伊藤博文、宮内卿に就任
一八八五 明治一八		八月、侍従藤波言忠、欧米出張へ出発（翌々年一一月帰国）。九月、華族女学校創設
一八八六 明治一九	二月、静子誕生（生母園祥子、翌年四月逝去）	皇室典範の草案「皇室制規」などが議論される 一〇月、小松宮彰仁、欧米出張へ出発（翌年一二月帰国）
一八八七 明治二〇	八月、猷仁誕生（生母園祥子、翌年一一月逝去）	
一八八八 明治二一	九月、昌子（常宮）誕生（生母園祥子）	四月、枢密院設置、大日本帝国憲法と皇室典範が審議される
一八八九 明治二二		二月、大日本帝国憲法・皇室典範制定。一一月、嘉仁、立太子の礼
一八九〇 明治二三	一月、房子（周宮）誕生（生母園祥子）	
一八九一 明治二四	八月、允子（富美宮）誕生（生母園祥子）	
一八九三 明治二六	五月、嘉仁皇太子と伏見宮禎子との結婚内約。一一月、輝仁誕生（生母園祥子、翌年八月逝去）	
一八九四 明治二七		八月、日清戦争（翌年四月まで）
一八九五 明治二八	一〇月、北白川宮能久逝去	四月、三国干渉
一八九六 明治二九	四月、明治天皇が新たな側室を拒否。五月、聡子（泰宮）誕生（生母園祥子）	
一八九七 明治三〇	一月、英照皇太后逝去。二月、北白川宮能久の隠し子発覚。九月、多喜子誕生（生母園祥子、翌々年一月逝去）	

天皇家の恋愛 関連年表

一八九九	明治三二	七月、嘉仁皇太子妃に九条節子が内定	八月、帝室制度調査局設置
一九〇〇	明治三三	五月、嘉仁皇太子が九条節子と結婚	四月、皇室婚嫁令制定
一九〇一	明治三四	四月、裕仁（のち昭和天皇）誕生	
一九〇二	明治三五	六月、雍仁（のち秩父宮）誕生	五月、皇室誕生令制定
一九〇三	明治三六	八月、節子妃、流産	
一九〇四	明治三七		二月、日露戦争（翌年九月まで）
一九〇五	明治三八	一月、宣仁（のち高松宮）誕生	
一九〇六	明治三九	一月、允子（富美宮）に有栖川宮栽仁を配するとの内旨が明治天皇から伝えられる	
一九〇八	明治四一	四月、有栖川宮栽仁逝去。同、昌子（常宮）が竹田宮恒久と結婚。一二月、北白川宮武子と婚約した藤堂高紹の二重婚問題発覚	
一九〇九	明治四二	四月、房子（周宮）が北白川宮成久と結婚	六月、女性問題が一因となり田中光顕宮内大臣辞任
一九一〇	明治四三	五月、允子（富美宮）が朝香宮鳩彦と結婚	三月、皇室親族令制定
一九一二	明治四五／大正元	七月、明治天皇逝去	七月、大正天皇即位
一九一三	大正二	七月、有栖川宮威仁逝去。同、宣仁に高松宮の称号（有栖川宮家の事実上の継嗣となる）	
一九一四	大正三	四月、昭憲皇太后逝去	
一九一五	大正四	五月、聡子（泰宮）が東久邇宮稔彦と結婚。一二月、崇仁（のち三笠宮）誕生	一一月、大正の大嘗祭
一九一六	大正五		一一月、裕仁皇太子、立太子の礼
一九一八	大正七	一月、裕仁皇太子妃に久邇宮良子が内定	

一九二一 大正一〇	二月、久邇宮良子を皇太子妃とする決定に変更なしと発表（宮中某重大事件）	二月、中村雄次郎宮内大臣、辞任。三月、裕仁皇太子、欧州訪問へ出発（九月帰国）。一〇月、白蓮事件。一一月、裕仁皇太子、摂政に就任
一九二三 大正一二		九月、関東大震災。一二月、虎ノ門事件
一九二四 大正一三	一月、裕仁皇太子が久邇宮良子と結婚	
一九二五 大正一四	一二月、成子（照宮）誕生	
一九二六 大正一五／昭和元	一二月、大正天皇逝去	一二月、昭和天皇即位
一九二七 昭和二	九月、祐子誕生（翌年三月逝去）	
一九二八 昭和三	九月、秩父宮雍仁が松平節子と結婚	一一月、昭和の大嘗祭
一九二九 昭和四	九月、和子（孝宮）誕生	六月、張作霖爆殺事件に絡み、昭和天皇が田中義一首相を叱責
一九三〇 昭和五	二月、高松宮宣仁が徳川喜久子と結婚	
一九三一 昭和六	三月、厚子（順宮）誕生	九月、満州事変
一九三二 昭和七	一〇月、香淳皇后、流産	五月、五・一五事件、牧野伸顕内大臣も襲撃対象となるが難を逃れる。八月、田中光顕元宮内大臣が一木喜徳郎宮内大臣の辞任を迫る（第二の宮中某重大事件）
一九三三 昭和八	一一月、朝香宮允子妃逝去。一二月、明仁皇太子（現上皇）誕生	二月、一木喜徳郎宮内大臣、辞任
一九三五 昭和一〇	一一月、正仁（のち常陸宮）誕生	二月、天皇機関説問題化
一九三六 昭和一一		二月、二・二六事件。一二月、英国王エドワード8世退位（王冠を賭けた恋）
一九三七 昭和一二	三月、成子（照宮）と東久邇宮盛厚との結婚内約	七月、盧溝橋事件

一九三九 昭和一四	三月、貴子（清宮）誕生	
一九四〇 昭和一五	三月、竹田宮昌子妃逝去	
一九四一 昭和一六	四月、和子（孝宮）と賀陽宮邦寿との結婚内約 一〇月、三笠宮崇仁が高木百合子と結婚	一二月、太平洋戦争開戦
一九四三 昭和一八	一〇月、成子（照宮）が東久邇宮盛厚と結婚	
一九四四 昭和一九	七月、明仁皇太子、田母沢御用邸に疎開（のち奥日光へ移動）。同、正仁、塩原御用邸に疎開（のち田母沢御用邸、日光御用邸へ移動）。同、和子（孝宮）・厚子（順宮）・貴子（清宮）、田母沢御用邸に疎開（のち塩原御用邸へ移動）	
一九四五 昭和二〇		八月、ポツダム宣言受諾。同、宮城事件（録音盤事件）。同、昭和天皇の玉音放送。同、東久邇宮稔彦内閣成立。一二月、梨本宮守正がA級戦犯として巣鴨プリズンに収監される
一九四六 昭和二一		一〇月、バイニング夫人来日（五〇年一二月まで滞在）
一九四七 昭和二二		五月、日本国憲法・新皇室典範施行。一〇月、一一宮家五一人が臣籍降下
一九五〇 昭和二五	五月、和子（孝宮）が鷹司平通と結婚	六月、朝鮮戦争（五三年七月まで）
一九五一 昭和二六	五月、節子皇太后（貞明皇后）逝去。八月、華頂華子の離婚が話題となる	九月、サンフランシスコ講和会議
一九五二 昭和二七	一〇月、厚子（順宮）が池田隆政と結婚	四月、講和条約発効、独立回復。一一月、明仁皇太子、立太子の礼

一九五三 昭和二八	一月、秩父宮雍仁逝去	三月、明仁皇太子、英国女王戴冠式出席などのため欧米へ出発（一〇月まで）
一九五四 昭和二九		七月、自衛隊発足
一九五六 昭和三一		三月、明仁皇太子、学習院大学聴講生終了
一九五七 昭和三二	二月、閑院直子の別居が話題となる	
一九五八 昭和三三	一一月、明仁皇太子と正田美智子との婚約発表	七月、明仁皇太子結婚で報道協定
一九五九 昭和三四	四月、明仁皇太子が正田美智子と結婚	四月、明仁皇太子の結婚パレードで投石事件
一九六〇 昭和三五	二月、徳仁（現天皇）誕生。三月、貴子（清宮）が島津久永と結婚	九月、明仁皇太子夫妻、米国訪問（一〇月まで）。一一月、明仁皇太子夫妻、イラン・エチオピア・インド・ネパール訪問（一二月まで）
一九六一 昭和三六	七月、東久邇成子逝去	二月、風流夢譚事件
一九六三 昭和三八	三月、美智子妃、流産。四月、美智子妃、長期静養（八月まで）	三月、小説「美智子さま」問題
一九六四 昭和三九	九月、正仁（常陸宮）が津軽華子と結婚	一〇月、東京五輪
一九六五 昭和四〇	一一月、文仁（のち秋篠宮）誕生	
一九六六 昭和四一	一月、鷹司平通逝去。一二月、三笠宮甯子が近衛忠煇と結婚	
一九六九 昭和四四	四月、清子（紀宮）誕生	
一九七〇 昭和四五		三月、大阪で万国博覧会（九月まで）
一九七一 昭和四六		九月、昭和天皇夫妻、欧州訪問（一〇月まで）
一九七二 昭和四七		二月、札幌冬季五輪。五月、沖縄返還
一九七五 昭和五〇		七月、明仁皇太子夫妻、海洋博開会式のため沖縄訪問、ひめゆりの塔事件。九月、昭和天皇夫妻、米国訪問（一〇月まで）

一九八〇 昭和五五	一一月、三笠宮寛仁が麻生信子と結婚	六月、徳仁親王、英国留学（翌々年一〇月まで）
一九八三 昭和五八	一〇月、三笠宮容子が千政之（現宗室）と結婚	
一九八四 昭和五九	一二月、憲仁（高円宮）が鳥取久子と結婚	
一九八七 昭和六二	二月、高松宮宣仁逝去	
一九八八 昭和六三	九月、昭和天皇倒れ、以後闘病生活に入る	
一九八九 昭和六四／平成元	一月、昭和天皇逝去。五月、鷹司和子逝去	一月、明仁天皇即位
一九九〇 平成二	六月、文仁（秋篠宮）が川嶋紀子と結婚	一一月、平成の大嘗祭
一九九一 平成三	一〇月、秋篠宮眞子誕生	二月、徳仁皇太子、立太子の礼。七月、明仁天皇夫妻、雲仙普賢岳噴火の被災地訪問
一九九二 平成四		一〇月、明仁天皇夫妻、中国訪問
一九九三 平成五	六月、徳仁皇太子が小和田雅子と結婚	四月、明仁天皇夫妻、沖縄訪問
一九九四 平成六	一二月、秋篠宮佳子誕生	二月、明仁天皇夫妻、硫黄島・小笠原訪問
一九九五 平成七	八月、秩父宮勢津子妃逝去	一月、阪神大震災。三月、地下鉄サリン事件。七月、明仁天皇夫妻、慰霊の旅として長崎・広島・沖縄・東京都慰霊堂を訪問（八月まで）
一九九七 平成九		七月、アジア通貨危機始まる
一九九八 平成一〇		二月、長野冬季五輪
一九九九 平成一一	一二月、雅子妃、流産	
二〇〇〇 平成一二	六月、良子皇太后（香淳皇后）逝去	
二〇〇一 平成一三	一二月、愛子（敬宮）誕生	
二〇〇二 平成一四	一一月、高円宮憲仁逝去	

二〇〇四 平成一六	五月、徳仁皇太子、雅子妃に対する「人格否定」を記者会見で公表。七月、雅子妃の適応障害を宮内庁発表。一二月、高松宮喜久子妃逝去	
二〇〇五 平成一七	一一月、清子（紀宮）が黒田慶樹と結婚	六月、明仁天皇夫妻、サイパン訪問。一一月、皇室典範に関する有識者会議が女性天皇・女系天皇を容認する報告書提出
二〇〇六 平成一八	九月、秋篠宮悠仁誕生	
二〇一一 平成二三		三月、東日本大震災。以後、天皇・皇族の被災地訪問が続く
二〇一二 平成二四	六月、寛仁逝去	
二〇一四 平成二六	六月、桂宮宜仁逝去。一〇月、高円宮典子が千家国麿と結婚	
二〇一五 平成二七		四月、明仁天皇夫妻、パラオ訪問
二〇一六 平成二八	一〇月、三笠宮崇仁逝去	七月、明仁天皇の退位の意向が明らかに
二〇一七 平成二九	九月、秋篠宮眞子と小室圭との婚約内定	六月、天皇の退位等に関する皇室典範特例法成立
二〇一八 平成三〇	二月、秋篠宮眞子と小室圭との正式婚約・結婚が延期。一〇月、高円宮絢子が守谷慧と結婚	
二〇一九 平成三一／令和元		四月、明仁天皇退位。五月、徳仁天皇即位。一一月、令和の大嘗祭
二〇二〇 令和二		一一月、秋篠宮、立皇嗣の礼
二〇二一 令和三	一〇月、秋篠宮眞子が小室圭と結婚。一一月、渡米	三月、「天皇の退位等に関する皇室典範特例法案に対する附帯決議」に関する有識者会議発足（一二月に最終報告書）。七月、東京五輪（八月まで）

森 暢平（もり・ようへい）

1964（昭和39）年埼玉県生まれ．90年京都大学文学部史学科卒業．毎日新聞社入社．皇室担当記者を経て98年退職．2000年国際大学大学院国際関係学研究科修士課程修了．同年 CNN 日本語サイト編集長．05年成城大学文芸学部専任講師，同准教授を経て，17年より成城大学文芸学部教授．博士（文学）．専攻，日本近現代史，歴史社会学，メディア史．

著書『天皇家の財布』（新潮新書，2003年）
『近代皇室の社会史——側室・育児・恋愛』（吉川弘文館，2020年）
共著『戦後史のなかの象徴天皇制』（吉田書店，2013年）
『「昭和天皇実録」講義』（吉川弘文館，2015年）
『皇后四代の歴史——昭憲皇太后から美智子皇后まで』（吉川弘文館，2018年）
『「地域」から見える天皇制』（吉田書店，2019年）
など

天皇《てんのう》家《け》の恋愛《れんあい》
中公新書 *2687*

2022年 3 月25日発行

著　者　森　暢平
発行者　松田陽三

本文印刷　三晃印刷
カバー印刷　大熊整美堂
製　　本　小泉製本

発行所　中央公論新社
〒100-8152
東京都千代田区大手町 1-7-1
電話　販売 03-5299-1730
　　　編集 03-5299-1830
URL https://www.chuko.co.jp/

定価はカバーに表示してあります．
落丁本・乱丁本はお手数ですが小社販売部宛にお送りください．送料小社負担にてお取り替えいたします．

本書の無断複製（コピー）は著作権法上での例外を除き禁じられています．また，代行業者等に依頼してスキャンやデジタル化することは，たとえ個人や家庭内の利用を目的とする場合でも著作権法違反です．

©2022 Youhei MORI

Published by CHUOKORON-SHINSHA, INC.
Printed in Japan　ISBN978-4-12-102687-3 C1221

中公新書刊行のことば

いまからちょうど五世紀まえ、グーテンベルクが近代印刷術を発明したとき、書物の大量生産は潜在的可能性を獲得し、いまからちょうど一世紀まえ、世界のおもな文明国で義務教育制度が採用されたとき、書物の大量需要の潜在性が形成された。この二つの潜在性がはげしく現実化したのが現代である。

いまや、書物によって視野を拡大し、変りゆく世界に豊かに対応しようとする強い要求を私たちは抑えることができない。この要求にこたえる義務を、今日の書物は背負っている。だが、その義務は、たんに専門的知識の通俗化をはかることによって果たされるものでもなく、通俗的好奇心にうったえて、いたずらに発行部数の巨大さを誇ることによって果たされるものでもない。現代を真摯に生きようとする読者に、真に知るに価いする知識だけを選びだして提供すること、これが中公新書の最大の目標である。

私たちは、知識として錯覚しているものによってしばしば動かされ、裏切られる。私たちは、作為によってあたえられた知識のうえに生きることがあまりに多く、ゆるぎない事実を通して思索することがあまりにすくない。中公新書が、その一貫した特色として自らに課すものは、この事実のみの持つ無条件の説得力を発揮させることである。現代にあらたな意味を投げかけるべく待機している過去の歴史的事実もまた、中公新書によって数多く発掘されるであろう。

中公新書は、現代を自らの眼で見つめようとする、逞しい知的な読者の活力となることを欲している。

一九六二年一一月

中公新書

日本史

d4

- 2107 近現代日本を史料で読む　御厨　貴編
- 2554 日本近現代史講義　山内昌之・細谷雄一編著
- 2011 皇　族　小田部雄次
- 1836 華　族　小田部雄次
- 2379 元老―近代日本の真の指導者たち　伊藤之雄
- 2492 帝国議会―西洋の衝撃から誕生までの格闘　久保田　哲
- 2528 三条実美《さんじょうさねとみ》　内藤一成
- 840 江藤新平（増訂版）　毛利敏彦
- 2051 伊藤博文　瀧井一博
- 2618 板垣退助　中元崇智
- 2550 2551 大隈重信（上下）　伊藤之雄
- 2103 谷　干城　小林和幸
- 2212 近代日本の官僚　清水唯一朗
- 2294 明治維新と幕臣　門松秀樹
- 2483 明治の技術官僚　柏原宏紀

- 561 明治六年政変　毛利敏彦
- 1927 西南戦争　小川原正道
- 1584 東北―つくられた異境　河西英通
- 2320 沖縄の殿様　高橋義夫
- 252 ある明治人の記録（改版）　石光真人編著
- 161 秩父事件　井上幸治
- 2270 日清戦争　大谷　正
- 1792 日露戦争史　横手慎二
- 2605 民衆暴力―一揆・暴動・虐殺の日本近代　藤野裕子
- 2509 陸奥宗光　佐々木雄一
- 2141 小村寿太郎　片山慶隆
- 2660 原　敬　清水唯一朗
- 881 後藤新平　北岡伸一
- 2393 シベリア出兵　麻田雅文
- 2269 日本鉄道史　幕末・明治篇　老川慶喜
- 2358 日本鉄道史　大正・昭和戦前篇　老川慶喜
- 2530 日本鉄道史　昭和戦後・平成篇　老川慶喜

- 2640 鉄道と政治　佐藤信之

中公新書

世界史

e2

1045 物語 イタリアの歴史 藤沢道郎
1771 物語 イタリアの歴史 Ⅱ 藤沢道郎
2508 貨幣が語る ローマ帝国史 比佐 篤
2413 ガリバルディ 藤澤房俊
2595 ビザンツ帝国 中谷功治
2663 物語 イスタンブールの歴史 宮下 遼
2152 物語 近現代ギリシャの歴史 村田奈々子
2440 バルカン―「ヨーロッパの火薬庫」の歴史 M・マゾワー 井上廣美訳
1635 物語 スペインの歴史 岩根圀和
1750 物語 スペインの歴史 人物篇 岩根圀和
1564 物語 カタルーニャの歴史（増補版） 田澤 耕
2582 百年戦争 佐藤 猛
2658 物語 パリの歴史 福井憲彦
1963 物語 フランス革命 安達正勝
2286 マリー・アントワネット 安達正勝

2466 ナポレオン時代 A・ホーン 大久保庸子訳
2529 ナポレオン四代 野村啓介
2318 2319 物語 イギリスの歴史（上下） 君塚直隆
2167 イギリス帝国の歴史 秋田 茂
1916 ヴィクトリア女王 君塚直隆
1215 物語 アイルランドの歴史 波多野裕造
1420 物語 ドイツの歴史 阿部謹也
2304 ビスマルク 飯田洋介
2490 ヴィルヘルム2世 竹中 亨
2583 鉄道のドイツ史 鴋澤 歩
2546 物語 オーストリアの歴史 山之内克子
2434 物語 オランダの歴史 桜田美津夫
2279 物語 ベルギーの歴史 松尾秀哉
1838 物語 チェコの歴史 薩摩秀登
2445 物語 ポーランドの歴史 渡辺克義
1131 物語 北欧の歴史 武田龍夫
2456 物語 フィンランドの歴史 石野裕子

1758 物語 バルト三国の歴史 志摩園子
1655 物語 ウクライナの歴史 黒川祐次
1042 物語 アメリカの歴史 猿谷 要
2209 アメリカ黒人の歴史 上杉 忍
2623 古代マヤ文明 鈴木真太郎
1437 物語 ラテン・アメリカの歴史 増田義郎
1935 物語 メキシコの歴史 大垣貴志郎
1547 物語 オーストラリアの歴史 竹田いさみ
2545 物語 ナイジェリアの歴史 島田周平
1644 ハワイの歴史と文化 矢口祐人
2561 キリスト教と死 指 昭博
2442 海賊の世界史 桃井治郎
518 刑吏の社会史 阿部謹也

中公新書

現代史

- 2105 昭和天皇　古川隆久
- 2309 朝鮮王公族―帝国日本の準皇族　新城道彦
- 2482 日本統治下の朝鮮　木村光彦
- 632 海軍と日本　池田清
- 2192 政友会と民政党　井上寿一
- 1138 キメラ―満洲国の肖像（増補版）　山室信一
- 2348 日本陸軍とモンゴル　楊海英
- 2144 昭和陸軍の軌跡　川田稔
- 2587 五・一五事件　小山俊樹
- 76 二・二六事件（増補改版）　高橋正衛
- 2059 外務省革新派　戸部良一
- 1951 広田弘毅　服部龍二
- 2657 平沼騏一郎　萩原淳
- 795 南京事件（増補版）　秦郁彦
- 84 90 太平洋戦争（上下）　児島襄

- 2465 日本軍兵士―アジア・太平洋戦争の現実　吉田裕
- 2387 戦艦武蔵　一ノ瀬俊也
- 2525 硫《い》黄《おう》島《とう》　石原俊
- 2337 特攻―戦争と日本人　栗原俊雄
- 244 248 東京裁判（上下）　児島襄
- 2015 「大日本帝国」崩壊　加藤聖文
- 2296 日本占領史 1945-1952　福永文夫
- 2411 シベリア抑留　富田武
- 2471 戦前日本のポピュリズム　筒井清忠
- 2171 治安維持法　中澤俊輔
- 1759 言論統制　佐藤卓己
- 828 清沢《きよさわ》洌《きよし》（増補版）　北岡伸一
- 2638 幣原喜重郎　熊本史雄
- 1243 石橋湛山　増田弘
- 2515 小泉信三―天皇の師として、自由主義者として　小川原正道
- 2687 天皇家の恋愛　森暢平

中公新書

現代史

f 2

2570 佐藤栄作 村井良太
2186 田中角栄 早野透
1976 大平正芳 福永文夫
2351 中曽根康弘 服部龍二
2512 高坂正堯―戦後日本と現実主義 服部龍二
1574 海の友情 阿川尚之
1875 「国語」の近代史 安田敏朗
2075 歌う国民 渡辺裕
2332 「歴史認識」とは何か 大沼保昭 江川紹子
1804 戦後和解 小菅信子
2406 毛沢東の対日戦犯裁判 大澤武司
1900 「慰安婦」問題とは何だったのか 大沼保昭
2624 「徴用工」問題とは何か 波多野澄雄
2359 竹島―もうひとつの日韓関係史 池内敏
1820 丸山眞男の時代 竹内洋

2237 四大公害病 政野淳子
1821 安田講堂 1968-1969 島泰三
2110 日中国交正常化 服部龍二
2150 近現代日本史と歴史学 成田龍一
2196 大原孫三郎―善意と戦略の経営者 兼田麗子
2317 歴史と私 伊藤隆
2301 核と日本人 山本昭宏
2627 戦後民主主義 山本昭宏
2342 沖縄現代史 櫻澤誠
2543 日米地位協定 山本章子
2649 東京復興ならず 吉見俊哉